新时代
〈管理〉
新思维

创业必备法律知识及案例精解

常亮 王硕 —— 著

LEGAL KNOWLEDGE
AND CASE FOR ENTREPRENEURSHIP

清华大学出版社
北京

内 容 简 介

本书针对开设公司及公司运营过程中涉及的法律规定，结合实际案例进行解读，涵盖《中华人民共和国公司法》《中华人民共和国民法典》《中华人民共和国劳动法》《中华人民共和国税收征管法》《中华人民共和国企业所得税法》《中华人民共和国个人所得税法》《中华人民共和国会计法》《中华人民共和国反不正当竞争法》《中华人民共和国企业破产法》等14部法律文件，旨在帮助创业者了解公司经营过程中经常涉及的法律规定和典型案例，更好地了解容易出现法律纠纷的经营行为，以及出现这些法律纠纷的具体原因，从而助其规避法律风险，预防经营过程中的相关失误。本书具有很强的可读性和实操性。

希望各位创业者、企业家和管理人员能通过阅读本书，掌握创业相关的法律知识，并将其运用到实际的公司运营过程中，指导公司更健康、更有序地发展。

本书封面贴有清华大学出版社防伪标签，无标签者不得销售。

版权所有，侵权必究。举报：010-62782989，beiqinquan@tup.tsinghua.edu.cn。

图书在版编目（CIP）数据

创业必备法律知识及案例精解/常亮，王硕著．—北京：清华大学出版社，2022.8（2024.11重印）
（新时代・管理新思维）
ISBN 978-7-302-58981-5

Ⅰ．①创… Ⅱ．①常… ②王… Ⅲ．①法律－基本知识－中国 Ⅳ．① D920.4

中国版本图书馆 CIP 数据核字 (2021) 第 176370 号

责任编辑：刘　洋
装帧设计：方加青
责任校对：王荣静
责任印制：宋　林

出版发行：清华大学出版社
网　　址：https://www.tup.com.cn，https://www.wqxuetang.com
地　　址：北京清华大学学研大厦 A 座　　邮　编：100084
社 总 机：010-83470000　　邮　购：010-62786544
投稿与读者服务：010-62776969，c-service@tup.tsinghua.edu.cn
质 量 反 馈：010-62772015，zhiliang@tup.tsinghua.edu.cn

印 装 者：三河市东方印刷有限公司
经　　销：全国新华书店
开　　本：170mm×240mm　　印　张：17.75　　字　数：262 千字
版　　次：2022 年 8 月第 1 版　　印　次：2024 年 11 月第 2 次印刷
定　　价：89.00 元

产品编号：092735-01

序 言

近年，我在商学院授课，致力于创新创业的思维模型和实战案例教学方法。课堂上，无论是风华正茂的创业新兵，还是擅长沉淀反思的资深人士，都在展现着一种开疆拓土的无畏思维：所谓创业，不就是在开拓人类商业文明的新边界吗？

在过去10年间，政策大力扶持，移动互联网蓬勃发展，本土人才不断涌现。再加上资本助力，多方利好之下，中国新经济创业风生水起，并结出累累硕果。但创业与风险就像一对孪生兄弟，他们不可避免地相伴相随。近10年来，曾经受到广泛关注的新经济项目关停倒闭数逾万，仅2020年，明确关闭的项目就有近千个。

我们身处红利时代太久，以至于忘记存活是多么侥幸的一件事情。事实上，世界的本质是不确定性和非连续性，而非理所当然地延续。世界是不确定的，而我们本能地追求确定性，这更让创业的过程充满了跌宕起伏。一个风口兴起，或许就能令企业站在行业顶端；盲目追逐风口，也可能直接导致企业成为"炮灰"。在永不言败的创业者身上，我看到一种生活方式：回归简单，无惧真实，生命通透，延迟满足。

人生，应该为一件大事而来，这是生而为人的独特意义。创业维艰，甘苦自知，唯利者，唯梦想者，唯机会者，功成名就全身而退者，壮志未酬身先逝者，在创业路上皆有之。而我想表达的是：踏上这条路，再孤独也要结交旅伴。创业不该是纯粹地冒险，而应是一门科学。一个企业的成长离不开各方力量的支持，尤其是法律的保障和帮助。

常亮和王硕是我商学院课堂上勤奋的学生、活跃的班委，他们还是在专业领域里一直努力打破创业者和法律人次元壁的创业搭档。他们两人都曾在法院工作，为社会和民众化解纠纷。在一次次身份转变中，他们不断探索着作为法律人的更多可能：一昔告别法院，转身踏入法律服务市场，他们或担任上市公司法务，或独立经营企业，最终共同创办了律师事务所；同时，作为混沌大学创新商学院的优秀学员，他们通过构建底层创新思维逻辑，打破固有认知，并形成系统的商业决策框架，一直在探寻法律服务最贴近创业者的落脚点。可以说，他们不仅具备丰富的法律工作经验，也了解创业的法律风险，是最懂创业者的法律人。每个人的一生中都可能会有一两次机会，去创造更大的个人和社会价值。

每个创业者都应该从多个维度提升认知，弥补认知短板。在法律准备上，我推荐阅读这本书，因为真实的案例反映真实的问题，理论只有结合了实践才能成为"有效经验"。创始人的认知边界才是企业真正的边界，主动弥补认知短板，了解更多创业法律知识，也许能让创业者在创业路上多一分底气。

混沌大学创新领教、资深品牌专家　魏亚欧

前 言

受新冠肺炎疫情影响,2020年中小企业倒闭、房产抵押、商场与写字楼空置等现象增多,种种现象皆反映出当下的创业环境发生了改变。在如此背景之下,企业比拼的不是市场占有率和整体业绩,而是抗风险能力和存续能力。

虽然创业一事要求创业者"一专多能",但是除了在某一领域精通之外,在其他领域创业者可以只求会而不求精。若要让创业者在经营公司之余还要了解所有法律规定,是不切实际的。与之相矛盾的是,在公司生存发展过程中,法律始终是不能触碰的底线,稍不留意,创业者的多年辛苦不仅会毁于一旦,还要面临承担法律责任的风险。

公司创立和经营过程中涉及的领域众多,每个领域的法律知识都很庞杂,但时间不允许创业者像专业律师那样慢慢去精通各种法律知识。因此,创业者需要一本常用的法律"字典",帮助自己及时了解并规避经营公司时容易犯的法律错误。然而,市面上绝大多数讲述法律规定的书没有将常用的、容易产生纠纷的部分为读者筛选出来,普遍缺乏实操性,不适合非专业人士阅读,本书恰好弥补了这一空缺。

本书共14章,从经营、财务、最新《中华人民共和国民法典》(以后全文简称《民法典》)与创业有关的法律三大角度讲解与公司运营有关的法律知识。

其中,经营角度包含《中华人民共和国公司法》(以后全文简称《公司法》)、《中华人民共和国劳动法》(以后全文简称《劳动法》)、《中华人民共和国商标法》(以后全文简称《商标法》)、《中华人民共和国反不正当竞争法》(以后全文简称《反不正当竞争法》)、《中华人民共和国企业破产法》(以后全文简称《企业破产法》)五个方面,具体包括公司注册、股东出资、股权转让、股东权利行使、公司合并后的债务处理以及破产清算等内容。

财务角度包含《中华人民共和国税收征收管理法》(以后全文简称《税收征管法》)、《中华人民共和国增值税暂行条例》(以后全文简称《增值税暂行条例》)、《中华人民共和国企业所得税法》(以后全文简称《企业所得税法》)、《中华人民共和国个人所得税法》(以后全文简称《个人所得税法》)、《中华人民共和国会计法》(以后全文简称《会计法》)五个领域,具体包括税务登记、纳税规定、个人所得税缴纳规定以及内部会计监督制度等内容。

最新《民法典》与创业有关的法律包含婚姻、合同、物权、担保四个方面,具体包括婚姻家庭、合同义务、动产与不动产的流转等内容。

本书一节一例,依据创业者需求,将法律规定和相关案例结合,通过解读公司经营各环节涉及的法律规定,为创业者提供一本法律风险管理实操指南。

创业者可以像查字典一样使用本书。通过阅读本书,创业者能快速了解常用的法律规定,将所学知识用于公司实际运作流程中,据此规避相应的法律风险。本书理论翔实,通篇用通俗易懂的语言和丰富的案例为读者解读晦涩的法律规定。相信读者能通过阅读本书,快速、有效地掌握创业必备的法律知识。

笔者水平有限,书中难免有疏漏之处,恳请读者朋友们批评指正。

作　者

目录

第1章 《公司法》 公司安身立命的基本法

1.1　注册资本认缴制　/　2
案例：注册资本申报500万元，实缴200万元，认缴期限20年　/　2

1.2　初始章程未登记，不生效　/　4
案例：公司章程已生效，股东身份按章程确定　/　4

1.3　变更法定代表人，应办理登记　/　8
案例：未办理工商登记，公司是否需承担原法定代表人的个人借款　/　8

1.4　假冒公司名义被罚款　/　10
案例：假冒公司名义收钱不发货，构成诈骗被判刑　/　10

1.5　注册地址与办公地址必须相同　/　11
案例：私营企业有权选择不在法定住所开展经营活动吗？　/　11

1.6　逾期开业，可能被吊销执照　/　14
案例：公司成立6个月不开业，吊销营业执照并罚款　/　14

1.7　经股东会决议才可对外投资担保 / 15
　　案例：未经过股东大会同意，仅有股东签字的对外担保是否生效？ / 15

1.8　股东不得滥用权力损害公司利益 / 17
　　案例：大股东滥用职权侵害小股东利益 / 17

1.9　股东不得占有公司公章拒不返还 / 19
　　案例：股东占有公司公章拒不返还，公司该怎么办？ / 19

1.10　股东的两种出资形式 / 21
　　案例：股东出资的财产贬值了，需要补足吗？ / 21

1.11　股东抽逃出资被罚款 / 23
　　案例：股东抽逃出资，挂名董事承担连带责任 / 23

1.12　股东会依照规定行使职权 / 24
　　案例：未经全体股东一致同意，不按出资比例分红的决议无效 / 24

1.13　股东之间可以相互转让股权 / 26
　　案例：未通知其他股东就转让股权，转让是否有效？ / 26

1.14　股东请求公司收购股权的三种情形 / 28
　　案例：公司盈利却不分配利润，股东该如何维权？ / 28

1.15　高管人员八种禁止行为 / 30
　　案例：公司高管"借新账、还旧账"虚构巨额债权 / 30

1.16　另立会计账簿被罚款 / 32
　　案例：老板将公司资金转到个人账户，存在哪些法律风险？ / 32

1.17　合并后，债务、债权由合并后的公司继承 / 33
　　案例：公司合并了，欠付的7万元工资怎么办？ / 33

1.18　经营严重困难，股东可请求解散公司 / 35
　　案例：公司连续三年亏损，股东起诉解散公司 / 35

第 2 章
《民法典》——婚姻：
婚姻状况也能成为公司"内乱"的原因

2.1 夫妻档公司存在法律缺陷 / 39
案例：夫妻同开有限公司，承担连带责任 / 39

2.2 配偶并非绝对有权分割股权 / 40
案例：离婚时，非股东一方坚决要求分割股权 / 40

2.3 夫妻一方恶意低价转让股权 / 42
案例：一方以"零元"转让股权，配偶要如何申诉权利？ / 42

2.4 配偶是否同意，不影响股权转让 / 43
案例：私自转让股权被配偶诉至法院 / 43

2.5 夫妻共同债务，离婚也要共同偿还 / 44
案例：配偶私自做生意欠的债，离婚时要如何分担？ / 44

第 3 章
《民法典》——合同：
合同既是交易的"保护伞"，也能成为公司的"催命符"

3.1 合同的三种形式 / 48
案例：口头形式的合同也可以成立吗？ / 48

3.2 合同自成立时生效 / 49
案例：合同成立不等于合同生效，"一房二卖"套路多 / 49

3.3 合同无效的四种情形 / 51
案例：签约主体没有签约资格，酿成苦果 / 51

3.4 可撤销合同的五种情形 / 52
案例：遭受欺诈所签订的合同，是否可撤销？ / 52

3.5 债权人可以拒绝提前履行债务 / 54
  案例：借钱人要提前还款，约定好的利息怎么办？ / 54

3.6 债权人可将债权转让给第三人 / 56
  案例：未经债务人同意的债权转让有效吗？ / 56

3.7 不履行合同义务应承担违约责任 / 58
  案例：不履行合同义务，好朋友反目成仇 / 58

3.8 双方都违反合同，应各自承担责任 / 60
  案例：顾客在疗养院摔伤，疗养院应该担负全责吗？ / 60

3.9 收定金不履行债务，应双倍返还定金 / 61
  案例：收了定金不发货，应当双倍赔偿 / 61

3.10 可以约定违约金 / 62
  案例：一方违约，合同没规定该怎么赔偿违约金 / 62

3.11 标的物质量不符合要求，买受人可拒收 / 65
  案例：货物存在质量问题时，买受人是否有权解除合约？ / 65

3.12 出卖人应在约定地点交付 / 67
  案例：送货上门途中发生货物损坏，责任由谁承担？ / 67

3.13 买受人应在约定期内检验货物 / 69
  案例：买方后期发现质量问题可以再追责吗？ / 69

3.14 出卖人交付的标的物应当与样品相同 / 71
  案例：卖方交付的商品与样品不一致，构成违约吗？ / 71

3.15 可以约定标的物的试用期限 / 72
  案例：约定了试用期限就是试用买卖合同吗？ / 72

3.16 分期付款买卖中的合同解除 / 74
  案例：分期支付中受让人延迟或者拒付的，可否解除合同？ / 74

3.17 分批交付标的物的合同解除 / 75
  案例：货物延期交付，买方是否有权解除整个买卖合同？ / 75

第4章
《劳动法》：
劳动纠纷也会让公司"大出血"

4.1 建立劳动关系应当订立劳动合同 / 78
案例：未签劳动合同，也可以认定存在劳动关系吗？ / 78

4.2 两种劳动合同无效 / 80
案例：劳动者伪造入职材料构成欺诈的劳动合同无效 / 80

4.3 劳动合同的解除形式 / 82
案例：口头解除劳动合同有效吗？ / 82

4.4 试用期最长不得超过六个月 / 84
案例：员工试用期被公司延长，违法吗？ / 84

4.5 劳动合同可约定保守商业秘密 / 86
案例：违背保密协议，设计师赔偿10万元 / 86

4.6 七种情形用人单位可以解除劳动合同 / 88
案例：员工做兼职，用人单位可以解除劳动合同吗？ / 88

4.7 用人单位濒临破产，可以裁员 / 89
案例：公司因经营困难裁员，有权要求员工当天离职吗？ / 89

4.8 四种情形用人单位不得解除劳动合同 / 91
案例：用人单位辞退孕期女员工，属违法解除劳动合同 / 91

4.9 用人单位解除劳动合同须给予员工补偿 / 92
案例：辞退临退休员工，公司支付8万元离职赔偿金 / 92

4.10 三种情形劳动者可随时解除劳动合同 / 94
案例：试用期内员工可随时辞职吗？ / 94

4.11 三种情形用人单位需超额支付工资报酬 / 95
案例：员工自愿超时加班，算不算违法？ / 95

4.12　劳动者每日工作不超过8小时　/　97
　　案例：员工拒绝加班，可以辞退吗？　/　97

4.13　工资不得低于当地最低工资标准　/　99
　　案例：工资低于最低工资标准，员工获赔2.3万余元　/　99

4.14　用人单位必须依法保障员工权利　/　101
　　案例：送完货返回公司途中出车祸属于工伤　/　101

4.15　用人单位应对伤残员工负责　/　103
　　案例：员工有工伤保险，公司还需要再赔钱吗？　/　103

4.16　用人单位必须为员工缴纳社会保险费　/　106
　　案例：员工有权自愿放弃缴纳社保吗？　/　106

4.17　员工离职带走公司财产，属于非法侵占　/　108
　　案例：离职后把公司的奔驰车开回家过年，高管获刑入狱　/　108

第5章　/　110
《税收征管法》：
税务风险是公司大隐患

5.1　纳税人须按国家有关规定设置账簿　/　111
　　案例：不设置账簿的后果　/　111

5.2　没有应纳税款，也应办理纳税申报　/　112
　　案例：随意零申报可能被判为偷税　/　112

5.3　两种特殊困难可延期缴纳税款　/　113
　　案例：纳税人既存在多缴税款，又存在未缴税款时，还应遵循追征期吗？　/　113

第 6 章
《增值税暂行条例》：
企业经营最常见的税你缴对了吗

6.1 增值税税率 / 116
案例："维保"和"维修"增值税税率不相同 / 116

6.2 兼营不同税率的货物，应分别核算 / 119
案例：混合销售与兼营业务明显不同，涉税处理需谨慎 / 119

6.3 五种进项税额不得从销项税额中抵扣 / 120
案例：公司奖励员工去旅行，机票可以从销项税额中抵扣吗？ / 120

6.4 七个项目免收增值税 / 122
案例：疫情防控期间帮助运送物资，能否享受免收增值税政策？ / 122

6.5 纳税人销售货物应开具增值税专用发票 / 123
案例：卖方可以用收据代替发票吗？ / 123

6.6 增值税纳税义务发生时间 / 127
案例：税率变动，谁该为合同损失埋单？ / 127

第 7 章
《企业所得税法》：
缴对企业所得税才能真正赢利

7.1 企业所得税税率为25% / 131
案例：企业赢利100万元，通过捐赠节税5万元 / 131

7.2 企业从各种来源取得的收入都是应纳税项 / 133
案例：巧售货物少纳税 / 133

7.3 小型微利企业按20%的税率缴税 / 135
案例：小微企业如何享受企业增值税优惠？ / 135

7.4 企业所得税分月或者分季预缴　　/ 137

　　案例：公司预缴企业所得税不当被罚款　　/ 137

7.5 年度中间终止经营活动，六十日内办理汇算清缴　　/ 138

　　案例：小公司不注销不缴税，被税务局加收滞纳金　　/ 138

第 8 章
《个人所得税法》：
缴纳个人所得税，不只是一个人的事

8.1 九个项目应缴个人税　　/ 142

　　案例：公司发放过节费，员工个人税务反而增多　　/ 142

8.2 应纳税所得额的计算　　/ 143

　　案例：公司多扣了员工个税 131 元，倒赔了员工 5.8 万元　　/ 143

8.3 经营所得按年计算个税　　/ 145

　　案例：计算经营所得个税，投资人的工资可以税前扣除吗？　　/ 145

8.4 财产转让适用税率为 20%　　/ 147

　　案例：个人股权转让未报税被判逃税罪　　/ 147

8.5 在期限届满前补缴税款，利息加收至补缴税款之日　　/ 149

　　案例：补缴个税 8000 元，只因每月被"发工资"　　/ 149

8.6 个人股权转让按"财产转让所得"缴纳个税　　/ 150

　　案例：个人股权转让，税务局为何多征少退？　　/ 150

第 9 章
《会计法》：
财务问题是公司的底线问题

9.1 各单位应设置会计机构　　/ 153

　　案例：选择低价代理记账公司，却被列入"经营黑名单"　　/ 153

9.2　会计人员必须遵守职业道德　/　156
案例：指使会计虚开增值税发票最终害人害己　/　156

9.3　会计凭证包括原始凭证和记账凭证　/　158
案例：股东有权查阅公司原始会计凭证吗？　/　158

9.4　会计账簿登记以审核过的会计凭证为依据　/　161
案例：因凭证金额小而草率审核，会计人员连累单位被罚款　/　161

9.5　内部会计监督制度应符合四项要求　/　163
案例：兼职会计和出纳，监守自盗　/　163

9.6　会计人员离职，必须办清交接手续　/　164
案例：会计离职不办交接，要承担法律责任　/　164

第10章
《民法典》——物权：公司动产和不动产的流转依据

10.1　不动产物权变更，经登记发生效力　/　168
案例：转让个人独资企业，不动产权登记后才能转移　/　168

10.2　动产物权的变更，自交付时发生效力　/　169
案例：卖了手机又回租，没签占有改定协议手机仍属于原物主　/　169

10.3　不动产或动产可由两人以上共有　/　170
案例：和他人共有的房产如何分割？　/　170

10.4　债权既有物担保又有人担保　/　173
案例：不行使抵押权，直接要求担保人还款可行吗？　/　173

第 11 章
《商标法》：
不注册商标，好产品只能"为他人做嫁衣"

11.1　改变注册商标标志，应重新提出申请 / 176
案例：注册商标使用时，外观稍作修改会不会被撤销？ / 176

11.2　注册商标的有效期为十年 / 178
案例：商标宽展期内遇到侵权问题，是否可以维权？ / 178

11.3　不得作为商标使用的标志 / 179
案例：恶意抢注"火神山""雷神山"商标，公司被罚款 / 179

11.4　七种行为属于侵犯注册商标专用权 / 181
案例：侵犯注册商标专用权判赔 20 万元 / 181

11.5　注册商标中含有通用名称，无权禁止他人使用 / 183
案例：公司注册"摩卡咖啡"，后期却无法维权 / 183

11.6　侵犯注册商标专用权应承担赔偿责任 / 185
案例：销售侵犯注册商标专用权的商品，被判不承担赔偿责任 / 185

11.7　认定驰名商标的情况 / 188
案例："抖音"方便面被诉侵权 / 188

11.8　经营者不得将"驰名商标"字样用于广告宣传 / 190
案例：商家用"驰名商标"字样促销，被罚款 10 万元 / 190

第 12 章
《反不正当竞争法》：
找对竞争方法才能真正挫败对手

12.1　误导他人获得竞争优势 / 193
案例：经营者混淆品牌误导顾客，消费者获三倍赔偿 / 193

12.2　模仿知名产品包装获得竞争优势　/ 195
案例：一字之差，品牌被判侵权违法　/ 195

12.3　贿赂他人获得竞争优势　/ 197
案例：回扣也属行贿受贿，只要达到一定数额，就会构成贿赂罪　/ 197

12.4　侵犯商业秘密获得竞争优势　/ 198
案例：泄露商业秘密非法获利80万元，三人获刑　/ 198

12.5　进行有奖销售不得存在的三种情形　/ 201
案例："馅饼"到手变陷阱　/ 201

12.6　编造误导性信息，损害竞争对手声誉　/ 203
案例：诋毁竞争对手，被罚10万元　/ 203

12.7　利用技术手段，影响用户选择　/ 204
案例：外卖平台强制商家"二选一"，违反公平竞争原则　/ 204

12.8　虚构成交额获得竞争优势　/ 207
案例：夫妻网店刷单虚构56.8万元成交额，被罚40万元　/ 207

第13章
《民法典》——担保：
公司债权有保证，业务关系才能稳定长久

13.1　担保合同是主合同的从合同　/ 210
案例：主合同无效，担保人是否应该担责？　/ 210

13.2　担保人需具有代为清偿债务能力　/ 211
案例：担保人突然失去了担保能力，签订的担保合同有效吗？　/ 211

13.3　未经担保人同意变更主合同　/ 213
案例：债权转让不属于债权变更，担保人不得主张免责　/ 213

13.4　保证人有权向债务人追偿　/ 215
案例：债务人向保证人还款还需支付利息吗？　/ 215

13.5 分支机构擅自订立的担保合同无效 / 216
案例：未经总公司允许分公司提供保证，担保合同无效 / 216

13.6 抵押财产应办理抵押物登记 / 218
案例：未办理抵押登记，抵押合同仍有效 / 218

13.7 抵押权不得与债权分离 / 219
案例：债权人非抵押权人，如何就抵押物优先受偿？ / 219

13.8 抵押人转让抵押物应通知抵押权人 / 222
案例：已设定抵押权的房产可否转让？ / 222

13.9 股票出质后，不得转让 / 224
案例：标的股权被质押，受让人能否拒付转让款？ / 224

13.10 数个抵押权的清偿顺序 / 225
案例：同一房产抵押给不同人，清偿顺序如何确定？ / 225

第14章
《企业破产法》：破产程序不严谨，公司倒闭也不"体面"

14.1 债务人的五种行为，管理人可请求法院撤销 / 228
案例：破产前高价收购高负债率公司股权，其他债权人可申请撤销吗？ / 228

14.2 管理人应要求出资人缴完认缴的出资 / 230
案例：破产后，可否要求未履行出资义务的股东承担债务连带责任？ / 230

14.3 破产费用和共益债务由债务人财产随时清偿 / 231
案例：为继续营业向债权人的借款是否属于共益债务？ / 231

14.4 附利息的债权自破产时停止计息 / 233
案例：债权停止计息的效力是否及于担保人？ / 233

14.5　破产财产的清偿顺序　/　234
　　案例：企业破产倒闭后，应该先行偿还员工的薪酬吗？　/　234
14.6　破产程序终结后，债务人应继续承担清偿责任　/　236
　　案例：公司破产，债权人如何追回债务？　/　236

附录　/　237

附录1　入职协议书模板　/　237
附录2　劳动合同范本　/　239
附录3　竞业限制合同范本　/　243
附录4　个人所得税税率表　/　250
附录5　合伙人合同范本　/　251
附录6　《广告法》核心摘要　/　254
附录7　《刑法》核心摘要　/　257

参考文献　/　261

第 1 章

《公司法》：
公司安身立命的基本法

成立公司看似只需按流程进行，但实际上却要求创业者步步为营。若创业者缺乏成立公司所需的相关知识，便极易为公司的后期运营埋下隐患。《公司法》是创业者需要遵循的基础法律，本章将结合具体案例讲解创业过程中常用的《公司法》相关规定。

1.1 注册资本认缴制

案例 注册资本申报500万元,实缴200万元,认缴期限20年

章某是某互联网公司的一名资深工程师。在这家公司工作3年之后,他积累了丰富的实操经验,再加上其理论知识过硬、创意颇丰,于是便准备从该公司辞职,自己创办一家新公司。

在完成公司注册的准备工作之后,章某来到当地市场监督管理局为自己的公司进行了登记注册。尽管章某当时只有200万元启动资金,但他填写的公司注册资本金额却为500万元。

章某可以在注册资本金额填写为500万元的情况下只缴纳200万元吗?答案是可以的。因为注册资本已由实缴制变更为认缴制。

实缴制属于原《公司法》的内容范畴,指公司验资账户上的实际金额必须与营业执照上的注册资本金额相等。创业者需要向市场监督管理局出具验资证明文件,否则无法完成公司注册。

简单来说,创业者前期的经济实力决定了公司的规模。如果创业者只有10万元现金,那么公司的注册资本只能是10万元,而这种规模的公司对后期开展业务会有很大的限制。而且,由于实缴制占用了公司的大部分资金,因此也会在一定程度上限制公司的发展。

而认缴制则属于新《公司法》的内容范畴,它对公司验资账户上的实际金额要求没有实缴制高。在市场监督管理局登记注册资本金额,不需要登记实收资本,也不再收取验资证明文件。同时,认缴制不需要占用公司资金,可以有效提高公司的资本运营效率,降低运营成本。

公司股东或者发起人可以根据公司经营的实际情况在公司章程中自主约定认缴的出资额、出资方式以及出资期限,这样就能大大降低公司

因为实缴注册资本而受到的不利影响，为公司的发展提供更多机会和更广阔空间。

新《公司法》将实缴注册资本改为认缴注册资本。此项条款的正式实施为开公司的群体，特别是新手创业者带来了很大福利。

章某将注册资本金额填写为500万元并不会给其带来压力，因为实行认缴制后，章某不必在公司注册时就准备好500万元实缴资本，而是只需要在认缴期限内实缴即可。可见，认缴制减轻了章某在资金方面的很多压力。

当然，章某仍需要将500万元注册资本足额存到公司银行账户中，不过，他可以选择3年存满，也可以选择5年存满，甚至是10年、20年存满。

认缴制的优点是大家有目共睹的，那么它是不是就没有缺点呢？是不是意味着所有创业者在注册公司时，都应该选择认缴制呢？答案是否定的。认缴制虽然能减轻创业者的资金压力，但这种方法不利于创业者寻找合作伙伴。因为凡是在市场监督管理局注册登记过的公司，其信息都能在当地市场监督管理局官网中查询到，包括公司的注册资本以及实缴资本。

为了向合作方展示公司的实力，在资金充裕的情况下，创业者最好还是选择实缴部分注册资本。因为这既能彰显一个公司的实力，也能吸引更多优质的合作伙伴，从而推动公司的发展。毕竟画饼充饥是不现实的事情。但是，如果创业者的资金确实紧张，也可以量力而行，等待资金充裕时再实缴注册资本。

这里需要注意的是，新《公司法》的认缴制只对一部分行业有效，也就是说，它有明确的适用范围。根据现行的《中华人民共和国保险法》《中华人民共和国商业银行法》《中华人民共和国外资银行管理条例》等法律、行政法规以及国务院的明确规定，目前有27类行业继续实行注册资本实缴登记制，即实缴制。这27类不被允许实行认缴制的行业如表1-1所示。

表 1-1　27 类不被允许实行认缴登记制的行业

序号	行业名称	序号	行业名称	序号	行业名称
1	采取募集方式设立的股份有限公司	10	货币经纪公司	19	保险专业代理机构
2	商业银行	11	村镇银行	20	外资保险公司
3	外资银行	12	贷款公司	21	直销公司
4	金融资产管理公司	13	农村信用合作社	22	对外劳务合作公司
5	信托公司	14	农村资金互助社	23	融资性担保公司
6	财务公司	15	证券公司	24	劳务派遣公司
7	金融租赁公司	16	期货公司	25	典当行
8	汽车金融公司	17	基金管理公司	26	保险资产管理公司
9	消费金融公司	18	保险公司	27	小额贷款公司

1.2　初始章程未登记，不生效 <<<

案例　公司章程已生效，股东身份按章程确定

公司章程是一家公司依法制定的书面文件，包含了公司的名称、经营范围、地址、经营制度和管理制度等重要内容。公司章程规定了公司组织与活动的基本规则，是一家公司必备的书面文件。

公司章程代表着公司全体股东的共同思想。它是公司的宪章，具有调整、指导公司活动的作用。公司章程必须是法定的、真实的，必须具有自治性和公开性的基本特征。公司章程对公司的成立及运营意义重大，是公司成立的根基，也是公司赖以生存的核心。

公司章程中有一个核心部分，被称为绝对必要记载事项。绝对必要记载事项是指公司章程务必予以记载的、不能缺少的事项，若公司章程缺少绝对必要记载事项中的任何一项或对某一项的记载不合法，整个公司章程便是无效的。《公司法》依据公司性质，对公司章程的绝对必要记载事项有明文规定。

《公司法》第二十五条规定:"有限责任公司章程应当载明下列事项:

(一) 公司名称和住所;

(二) 公司经营范围;

(三) 公司注册资本;

(四) 股东的姓名或者名称;

(五) 股东的出资方式、出资额和出资时间;

(六) 公司的机构及其产生办法、职权、议事规则;

(七) 公司法定代表人;

(八) 股东会会议认为需要规定的其他事项。

股东应当在公司章程上签名、盖章。"

《公司法》第八十一条规定:"股份有限公司章程应当载明下列事项:

(一) 公司名称和住所;

(二) 公司经营范围;

(三) 公司设立方式;

(四) 公司股份总数、每股金额和注册资本;

(五) 发起人的姓名或者名称、认购的股份数、出资方式和出资时间;

(六) 董事会的组成、职权和议事规则;

(七) 公司法定代表人;

(八) 监事会的组成、职权和议事规则;

(九) 公司利润分配办法;

(十) 公司的解散事由与清算办法;

(十一) 公司的通知和公告办法;

(十二) 股东大会会议认为需要规定的其他事项。"

依据《公司法》第十一条规定,设立公司必须依照本法制定公司章程。初始公司章程必须经过工商部门登记方能生效,生效则意味着其拥有法律约束力。公司章程的社团规章特性决定了其效力的对象为公司及公司股东,其对公司、股东、董事、监事和经理都具有约束力。

刘某、王某与胡某是大学时代的同窗好友。他们于大学毕业后合伙成立了一家机械公司，公司的发展顺风顺水，很快便扩大了规模。后因发展需要，刘某的朋友高某出资40万元，成为公司的第四位股东，持有公司15%的股份，当天是2017年9月6日，这些内容被载入该公司的公司章程中。高某略懂法律，听刘某说之前的公司章程未登记过，便劝说众人去办理工商登记，这份公司章程是该公司登记的第一份公司章程。

两年后，高某厌倦了一成不变的生活，于2019年6月从该公司离职，并与该公司解除了劳动合同。2019年7月19日，该公司召开了股东大会，针对是否修改公司章程进行投票，最终以75%的赞成票表决通过对公司章程的修改。

此次修改新增了第12章第37条："股东因主动调离、辞职或被动辞退而解除劳动合同的，其名下股权必须如实转让，转让价格应与其原实际出资额相等。自解除合同之日起，股东务必于1个月内完成股权转让手续，逾期不办理，不再分配股利。"由于当时高某仍算作股东，因此也参加了这次会议，但他选择弃权，并未投票，也没有在表决书上签字。

随后的日子里，这家公司的经营业绩一升再升，隐隐有直攀行业龙头的趋势。高某闻讯，想起了自己股东的身份，便于2020年8月回到公司，提出要求查阅公司章程、财务会计报告和股东大会会议记录等资料。公司以高某目前就职于与公司有竞争关系的其他公司，恐其泄密，无权限查询上述资料为由，拒绝了高某。

而高某认为，新修改的公司章程必须依法经工商登记备案方能生效，而该公司于2019年7月19日修改的公司章程未经过工商登记，故不能生效，自己仍然是公司的股东之一。高某以此为由，将该公司起诉至当地法院，要求分得红利。

法院审理后认为，《公司法》虽强制规定设立公司时初始的公司章程须经备案登记才具有法律效力，但并未规定修改后的公司章程要登记后才具有法律效力。

在本案中，鉴于3名股东和高某于2019年7月19日按法定程序修改了原公司章程且并未违反其他法律强制性规定，新修改的公司章程虽未经工商登记，但于2019年7月19日即产生法律效力，故最终判决高某并非该公司的股东。

公司章程规定公司组织与活动的基本规则,是公司运作的依据,公司的所有运作行为都要符合公司章程的规定。

创业者在创业时必须在公司章程制定方面做到如下几点。

(1)公司设立初期的初始公司章程必须到工商部门进行登记,否则不生效。

(2)由于公司章程对公司的重要性,创业者在制定、修改公司章程时,应委托专业律师参与,以避免公司章程对同一问题做出的约定前后矛盾。

(3)公司章程被修改后,必须及时进行工商登记。若因客观原因致使修改后的公司章程无法进行工商登记的,则要保证其修订程序严格遵守《公司法》规定,按规定流程进行,如图1-1所示。

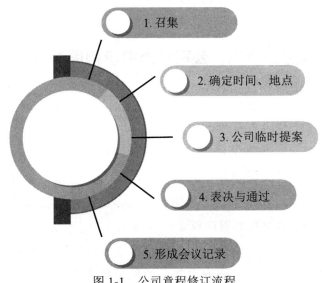

图1-1 公司章程修订流程

- 召集

股东大会应由公司董事会依照《公司法》规定召集,董事长主持。

- 确定时间、地点

会议召开15日前对各股东发起通知;若发行无记名股票的,则要在会议召开30日前对召开地点、时间和审议事项进行公告。

- 公司临时提案

单独或合计持有3%以上股份的股东,可于股东大会召开10日前拟定临时提案，提交给董事会。

● 表决与通过

表决可以使用会议表决法，但必须半数以上出席会议的股东同意才能通过。若股东大会做出修改公司章程、增加或减少注册资本，以及公司合并、分立、解散或者变更公司形式的决议，必须经 2/3 以上出席会议的股东同意才能通过。

● 形成会议记录

股东大会上涉及的所有事项及决定都必须有会议记录，主持人和出席会议的股东都必须在会议记录上签名。

1.3 变更法定代表人，应办理登记

> **案例** 未办理工商登记，公司是否需承担原法定代表人的个人借款

法人和法定代表人是两个概念。

法人是指具有民事权利能力与民事行为能力，能依法独立享有民事权利和承担民事义务的组织。通俗来讲，法人就是指一个独立的单位，一个独立的单位可以视作一个法律上的人。从法律角度来看，法人如同自然人一般享有名誉权和财产权。

法定代表人是指一个单位中依法代表法人行使民事权利，履行民事义务的主要负责人。比如证券交易所的法定代表人为总经理，公司的法定代表人为董事长。

法定代表人拥有直接代表法人向人民法院起诉和应诉的权利，法定代表人的诉讼行为等同于法人的诉讼行为，并能直接对法人产生法律效力。简而言之，法定代表人以单位名义实施的行为等于单位行为。

《公司法》第十三条规定："公司法定代表人依照公司章程的规定，由董事长、执行董事或者经理担任，并依法登记。公司法定代表人变更，应当办理变更登记。"

林某是一家房地产公司的董事长兼法定代表人。在一次出差过程中，他因为压力大去酒吧放松一下，结识了一群当地的朋友。没想到，这群朋友竟将林某带上了收藏古董的"不归路"。为了购买古董，林某不仅倾家荡产，还打上了亲朋好友的主意。

2019年到2020年之间，林某两次向亲戚赵某出具了由其名下公司进行担保的借款承诺书并写下借条，共计从赵某处借款200万元。2020年3月2日，林某将其名下股权转让给他人。2020年4月6日，该房地产公司召开股东大会、董事会，确认了林某名下股权转让事宜，免去林某董事长、法定代表人的职务，并于2020年4月10日到市场监督管理部门将修改后的公司章程进行了变更登记。

但其他股东未料到，2020年4月8日，林某利用其法定代表人的身份，又向赵某借款50万元，还在借条上擅自加盖了该公司的公章。与此同时，赵某听说了林某辞职的事情，便诉至法院请求判决该公司归还借款。

本案的争议焦点在于，在公司章程未进行工商登记的情况下，原法定代表人的个人借款是否需要公司承担。

法院审理后认为，在林某出示的借款承诺书中，该公司作为承诺方签章，已经表示了担保的意思。该公司于2020年4月6日通过决议免去林某法定代表人的职务，但实际上在4月10日才完成工商变更登记。因此，林某于4月8日在借条上加盖公章的行为，可视作该公司以借款人的身份向赵某出具了借条。此举表明该公司自愿承担林某所欠债务，且赵某同意林某将债务转移至该公司，故该公司应承担向赵某还款的责任。

在上述案例中，该公司从免除林某法定代表人的职务到进行工商变更登记的时间虽然只相差4天，但林某却趁机将个人债务成功转移给公司。为预防此类现象，公司变更工商登记务必保证及时、高效，争取在决议变更后立即进行工商变更登记。

此外，如果公司在法定代表人变更后没能及时变更工商登记，应即刻收回法定代表人手中的公章，避免其借公章侵害公司和其他股东的利益。

1.4 假冒公司名义被罚款

> **案例** 假冒公司名义收钱不发货，构成诈骗被判刑

蒋某艳美同事做微商赚了一笔钱，便自告奋勇地做了某化妆品的代理。但仅做了3个月，蒋某便遭受到现实的打击：她的产品根本无法出售。

失望之下，蒋某走了偏路。她同时注册了3个微信号，用名为"手摇酸奶"的微信号添加了田某的微信并将其发展为线下代理，她还告知田某此为公司官方微信号。后蒋某分别用"桃桃莓莓"和"芒果班戟"的微信号给田某转账，从田某处购买产品，诱使田某从"手摇酸奶"的微信号上多次、大量订购产品，但实际上田某不曾收到产品。后来蒋某又以收取推广费、补交产品押金才能发货等借口诱骗田某打款。

次年10月，田某发现被骗，遂报警并到法院提起诉讼。12月，被告人蒋某被抓获归案。

《公司法》第二百一十条规定："未依法登记为有限责任公司或者股份有限公司，而冒用有限责任公司或者股份有限公司名义的，或者未依法登记为有限责任公司或者股份有限公司的分公司，而冒用有限责任公司或者股份有限公司的分公司名义的，由公司登记机关责令改正或者予以取缔，可以并处十万元以下的罚款。"

在这个案例中，蒋某以非法占有为目的，虚构事实，假借公司名义骗取他人财物，违反了《公司法》的上述规定。

行为人冒用有限责任公司或者股份有限公司或者其分公司的名义，在主观方面是故意的，即明知自己没有依法登记为有限责任公司或者股份有限责任公司或者其分公司，而使用虚假的、不真实的有限责任公司或者股份有限公司或者其分公司的名义，有扰乱市场经济秩序的可能，对和其进行交易的人的利益造成损害，应当禁止。

需要指出的是，本条规定的违法主体具有多样性，可能是自然人，也可能是法人；可能是有限责任公司，也可能是股份有限公司。不论是

谁违反上述规定,都应当依法由公司登记机关责令改正或者予以取缔,并可处以10万元以下的罚款。情节严重的,如诈骗财物数额较大的,还可能构成诈骗罪。

在上述案例中,蒋某在清楚自己并未依法登记的情况下冒用公司名义收款却不发货,恶意利用公司名义牟取不当利益,违反了相关规定,因而被判刑。

1.5 注册地址与办公地址必须相同

> **案例** 私营企业有权选择不在法定住所开展经营活动吗?

在公司注册及实际运营过程中,可能会遇到注册地址与办公地址不相同的情况。其原因可能是公司规模扩张,也可能是原址拆迁等。

《公司法》第七条规定:"依法设立的公司,由公司登记机关发给公司营业执照。公司营业执照签发日期为公司成立日期。

公司营业执照应当载明公司的名称、住所、注册资本、经营范围、法定代表人姓名等事项。

公司营业执照记载的事项发生变更的,公司应当依法办理变更登记,由公司登记机关换发营业执照。"

《公司法》第十条规定:"公司以其主要办事机构所在地为住所。"

《公司登记管理条例》第九条规定:"公司的登记事项包括:

(一)名称;

(二)住所;

(三)法定代表人姓名;

(四)注册资本;

(五)公司类型;

(六)经营范围;

(七)营业期限;

（八）有限责任公司股东或者股份有限公司发起人的姓名或者名称。"

由此可知，公司营业执照上的经营地址就是办公地址。市场监督管理局对公司进行检查时，就是以营业执照上的经营地址为依据进行审核。除此之外，《公司登记管理条例》第十二条规定："公司的住所是公司主要办事机构所在地。经公司登记机关登记的公司的住所只能有一个。公司的住所应当在其公司登记机关辖区内。"由此看来，公司的注册地址不能与办公地址分离。

但是，在实际经营过程中，很多公司因为经营成本或者税收政策等因素，导致注册地址和实际经营地址不一致。下面来看一个案例。

王某在大学毕业后决定自己创业，于是他与几个同学合伙开设了一家食品工厂。一开始，工厂开设在交通方便的地段。但因为工厂前期盈利少，这个地段的租金高昂，为节省开支，他们将工厂迁移到了偏僻的郊区。

国家市场监督管理总局在《对企业在住所外设点从事经营活动有关问题的答复》中，有如下规定。

（1）经市场监督管理机关登记注册的企业法人的住所只能有一个，企业在其住所以外地域用其自有或租、借的固定场所设点从事经营活动，应当根据其企业类型，办理相关的登记注册。

（2）依照《公司法》和《公司登记管理条例》设立的公司在住所以外的场所从事经营活动，应当向该场所所在地公司登记机关申请办理设立分公司登记。对未经核准登记注册，擅自设点从事经营活动的，应按《公司登记管理若干问题的规定》进行查处。

结果可想而知，王某等人的工厂受到了处罚。

创业者应该知道《公司登记管理条例》对公司的经营场所并没有数量上的限制，因此，如果出现了注册地址必须与办公地址分离的情况，那么创业者应及时按照《公司法》和《公司登记管理条例》的规定对新的办公地址进行登记注册。

当因某些特殊原因公司的注册地址必须与办公地址分离时，公司可以采取以下两种方法，以避免法律风险：第一，变更登记信息，将公司的注册地址变更为经营所在地的地址；第二，在经营所在地设立分公司。

若创业者在登记注册公司后，又发现了更合适的经营地址，可以放心地将公司迁移到新的办公地址。但是，在这个过程中，创业者应按照有关法律法规及时完成新地址的登记注册工作。

此外，创业者在市场监督管理局进行公司注册登记的时候，需要出示以下11种材料，证明所使用地址有资格作为公司注册与经营的地址，具体包含：

（1）《房屋所有权证》复印件；

（2）国有土地《土地使用权证》复印件；

（3）房屋管理部门颁发的《房屋租赁许可证》复印件；

（4）土地管理部门颁发的《土地使用权租赁许可证》复印件；

（5）属于国有土地上新建的房屋，尚未领取《房屋所有权证》或《土地使用权证》的，则提供建设部门颁发的《建筑施工许可证》复印件；

（6）属于新购买的房屋，尚未领取《房屋所有权证》或《土地使用权证》的，则提供购房合同、发票、商品房预售证复印件；

（7）属于公房，未取得《房屋所有权证》和《土地使用权证》的，则提供由房屋管理部门出具的有关产权证明；

（8）属于集体土地上建造的房屋，暂时无法提供产权证的，如产权属于乡、镇政府所有，可由乡、镇政府出具同意使用场地的证明；如产权属于农民或村委会所有，可由房屋所在区国土资源部门或房屋管理部门出具同意使用场地的证明；

（9）如果注册地址是宾馆、饭店、招待所等，则提供拥有"住宿"经营范围或"房屋出租"经营范围的公司营业执照复印件；

（10）如果房屋性质属于军产，则提供所在军区后勤部颁发的《军队房产租赁许可证》复印件；

（11）如果注册地址在市场里，则提供《市场名称登记证》复印件。

如果注册地是租赁的，则创业者除要提交以上产权证明外，还应提交一份使用证明。它可以是以下材料中的任何一种：

（1）如果办公地是租赁的，则提供房屋租赁协议（出租方应是房屋所有者，承租方应是正在申请开办的公司）；

（2）如果办公地是转租的，则提供转租协议（出租方为原承租方），以及房屋所有权人出具的同意转租的证明或在转租协议上盖章确认；

（3）如果办公地是由母公司无偿提供的，则提供由母公司出具的无偿使用证明；

（4）如果房屋产权归股东所有，由股东无偿提供给所投资的公司使用，则提供由股东出具的无偿使用证明。

1.6 逾期开业，可能被吊销执照 <<<

案例 公司成立6个月不开业，吊销营业执照并罚款

阿启在大学毕业后和几位关系很好的朋友依法共同成立了一家公司。但由于没有经验，规划出现错误，这家公司只是一个"空壳"，一直没有真正营业。

后来阿启找到了工作，将这个"空壳"公司完全抛诸脑后。2个月后，市场监督管理部门在阿启上班期间给他打来电话，通知他抓紧开业，如果不能开业，就要把公司注销。而阿启当时并没有将市场监督管理部门的通知放在心上。

又过去3个月，阿启收到了市场监督管理部门的通知，对方明确告知阿启，其公司由于超过6个月未开业，现给予吊销营业执照处罚并处以1万元罚款。最后阿启在懊悔中缴纳了1万元罚款，公司的状态从吊销转为注销。

营业执照是工商行政管理机关在批准个体经营者与工商企业从事某项生产经营活动后颁发给个体经营者、工商企业，准许其从事某项生产经营活动的凭证，其格式由国家市场监督管理总局统一规定。

《公司法》第七条规定:"公司营业执照应当载明公司的名称、住所、注册资本、经营范围、法定代表人姓名等事项。"没有营业执照的个体经营者或工商企业一律禁止开业,不得进行刻制公章、签订合同、注册商标、刊登广告等行为,银行不予开立账户,若强行继续营业,则属于违法行为。

吊销营业执照属于市场监管法中的一项惩罚条款,只有当企业或商铺出现某些违反市场监管法规定的行为时,市场监管部门才会吊销企业或商铺的营业执照。若某企业或者商铺不符合营业条件,如卫生条件不达标、不按时缴纳税款等,市场监管部门有权吊销其营业执照。

根据我国《公司登记管理条例》,吊销营业执照的理由主要有3点。

(1)提交虚假材料或者采取其他欺诈手段隐瞒重要事实,取得公司登记的,由公司登记机关责令改正,处以5万元以上50万元以下的罚款;情节严重的,撤销公司登记或者吊销营业执照。

(2)公司成立后无正当理由超过6个月未开业的,或者开业后自行停业连续6个月以上的,可以由公司登记机关吊销营业执照。

(3)公司登记事项发生变更时,未依照《公司登记管理条例》规定办理有关变更登记的,由公司登记机关责令限期登记;逾期不登记的,处以1万元以上10万元以下的罚款。其中,变更经营范围涉及法律、行政法规或者国务院决定规定须经批准的项目而未取得批准,擅自从事相关经营活动,情节严重的,吊销营业执照。公司未依照《公司登记管理条例》规定办理有关备案的,由公司登记机关责令限期办理;逾期未办理的,处以3万元以下的罚款。

1.7 经股东会决议才可对外投资担保 <<<

案例 未经过股东大会同意,仅有股东签字的对外担保是否生效?

蓝某是C公司的股东,持有C公司70%的股份。C公司在公司章程中规定："股东按照出资比例行使表决权。"A公司因资金不足向B银行贷款2亿元，C公司作为担保人，与A公司、B银行签订了担保合同。C公司与蓝某向B银行出具股东承诺书，承诺书中表明，替A公司担保银行贷款事宜符合C公司的公司章程规定。

股东承诺书中某条款约定："全体股东承诺，对本笔贷款承担连带责任保证。"C公司与蓝某均在下方签字并盖章。后贷款到期，A公司并未按时清偿贷款。B银行将C公司诉至法院，主张其还款，同时主张C公司与蓝某承担连带担保责任。

《公司法》第十六条规定："公司向其他企业投资或者为他人提供担保，依照公司章程的规定，由董事会或者股东会、股东大会决议；公司章程对投资或者担保的总额及单项投资或者担保的数额有限额规定的，不得超过规定的限额。

公司为公司股东或者实际控制人提供担保的，必须经股东会或者股东大会决议。

前款规定的股东或者受前款规定的实际控制人支配的股东，不得参加前款规定事项的表决。该项表决由出席会议的其他股东所持表决权的过半数通过。"

C公司以此担保未经股东大会做出决议，仅有股东签字，属于无效担保为由，拒绝承担连带担保责任。

这个案例的争议之处在于，未经过股东大会同意，仅有股东签字的对外担保是否生效？

依据法律规定，C公司为A公司提供担保，需要通过股东大会决议且由出席会议的其他股东所持表决权的过半数通过。

在上述案例中，虽然C公司没有就其对外提供担保的行为召开内部股东大会，但C公司在公司章程中规定："股东按照出资比例行使表决权。"在股东承诺书上签字并盖章的股东蓝某持有C公司70%的股份，在C公司、蓝某均在股东承诺书上签字并盖章的情况下，应视为C公司已同意对外担保的行为。因此，该担保合同有效。

1.8 股东不得滥用权力损害公司利益

案例 大股东滥用职权侵害小股东利益

A公司持有B公司10%的股份。A公司作为B公司的小股东，在一次审阅B公司的财务审计报告时，对报告中B公司的操作非常震惊。

报告显示，持有B公司70%股份的控股股东C公司和B公司高管谢某，倚仗C公司对B公司的绝对控制权，隐瞒小股东做了众多不符合公司章程、违反法律规定的事情。比如，私自向大股东的关联企业出借30多亿元资金，擅自降低对外房屋销售折扣率，私自挪用大量公司资金用于私人事宜等。这些行为严重损害了B公司的利益，同时也让小股东A公司的利益受到了影响。

A公司在万般无奈之下找到了我们。在接受咨询后，我们一致觉得C公司和谢某的行为违反了《公司法》相关规定，侵犯了B公司和小股东的利益，是典型的大股东肆意妄为、损害小股东利益的做法。

同年4月，我所律师正式代表A公司向法院起诉，将C公司和滥用职权的B公司高管谢某告上法庭。

后经法院调解，C公司和B公司高管谢某赔偿B公司损失共计5000余万元。

《公司法》第二十条规定："公司股东应当遵守法律、行政法规和公司章程，依法行使股东权利，不得滥用股东权利损害公司或者其他股东的利益；不得滥用公司法人独立地位和股东有限责任损害公司债权人的利益。

公司股东滥用股东权利给公司或者其他股东造成损失的，应当依法承担赔偿责任。

公司股东滥用公司法人独立地位和股东有限责任，逃避债务，严重损害公司债权人利益的，应当对公司债务承担连带责任。"

滥用股东权利分为两种情况：第一种是公司股东个人滥用股东权利，

即在超出其权利范围的情况下恶意使用股东的各项权利；第二种是公司全体股东滥用股东权利，滥用公司法人独立地位与股东有限责任，侵害公司债权人的利益。

在上述案例中，控股股东 C 公司和 B 公司高管谢某滥用职权，未经股东会、董事会表决同意便利用权力私下牟利，恶意损害了 B 公司的利益。因此，他们必须承担赔偿 B 公司各项损失的责任。

现实中，很多企业，尤其是民营企业的实际控制人都是大股东。大股东往往认为公司的各项重大事宜都应根据其意愿来决定，无须小股东参与。因此，小股东的各项权益往往得不到保护，如果小股东想维护自己的权益，需熟知《公司法》对小股东权益保护的相关规定。《公司法》中保护小股东权益的相关规定如下：

1. 知情权保护

《公司法》第三十三条规定："股东有权查阅、复制公司章程、股东会会议记录、董事会会议决议、监事会会议决议和财务会计报告。"法律赋予股东知情权，若大股东拒绝小股东查账，小股东可以依法请求法院维权。

2. 话语权保护

《公司法》第四十条规定："董事会或者执行董事不能履行或者不履行召集股东会会议职责的，由监事会或者不设监事会的公司的监事召集和主持；监事会或者监事不召集和主持的，代表十分之一以上表决权的股东可以自行召集和主持。"

3. 决议撤销权

《公司法》第二十二条规定："公司股东会或者股东大会、董事会的决议内容违反法律、行政法规的无效。

股东会或者股东大会、董事会的会议召集程序、表决方式违反法律、行政法规或者公司章程，或者决议内容违反公司章程的，股东可以自决议作出之日起六十日内，请求人民法院撤销。

股东依照前款规定提起诉讼的，人民法院可以应公司的请求，要求股东提供相应担保。

公司根据股东会或者股东大会、董事会决议已办理变更登记的，人民法院宣告该决议无效或者撤销该决议后，公司应当向公司登记机关申请撤销变更登记。"

4. 异议股东回购请求权

《公司法》第七十四条规定："有下列情形之一的，对股东会该项决议投反对票的股东可以请求公司按照合理的价格收购其股权：

（一）公司连续五年不向股东分配利润，而公司该五年连续盈利，并且符合本法规定的分配利润条件的；

（二）公司合并、分立、转让主要财产的；

（三）公司章程规定的营业期限届满或者章程规定的其他解散事由出现，股东会会议通过决议修改章程使公司存续的。

自股东会会议决议通过之日起六十日内，股东与公司不能达成股权收购协议的，股东可以自股东会会议决议通过之日起九十日内向人民法院提起诉讼。"

5. 直接诉讼权

《公司法》第一百五十二条规定："董事、高级管理人员违反法律、行政法规或者公司章程的规定，损害股东利益的，股东可以向人民法院提起诉讼。"

1.9 股东不得占有公司公章拒不返还

> **案例** 股东占有公司公章拒不返还，公司该怎么办？

A有限责任公司的注册资本为500万元，其法定代表人为罗某。该公司有两位股东，分别为罗某和B公司。其中，罗某实缴出资额为350万元，持股比例为70%；B公司实缴出资额为150万元，持股比例为30%。该公司的公司章程规定公司法定代表人为罗某，并规定了营业执照和公司公章等资料由A公司保管。

后B公司以行使股东知情权为由，要求A公司将营业执照和公司公章等资料交由 B 公司审计。双方协商一致后，A 公司将营业执照和公司公章等资料移交给 B 公司，双方签署了交接单。后 A 公司要求 B 公司返还上述资料却遭拒。

面对上述情况，A 公司应如何做呢？A 公司的正确做法如图 1-2 所示。

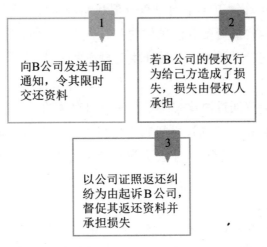

图 1-2　面对 B 公司侵权，A 公司的正确做法

下面是上述做法的具体法律依据。

（1）向 B 公司发送书面通知，令其限时交还资料。

《民法典》第二百三十五条规定："无权占有不动产或者动产的，权利人可以请求返还原物。"

（2）若 B 公司的侵权行为给己方造成了损失，损失由侵权人承担。

《民法典》第二百三十八条规定："侵害物权，造成权利人损害的，权利人可以依法请求损害赔偿，也可以依法请求承担其他民事责任。"

（3）以公司证照返还纠纷为由起诉 B 公司，督促其返还资料并承担损失。

《民法典》第二百三十三条规定："物权受到侵害的，权利人可以通过和解、调解、仲裁、诉讼等途径解决。"

《公司法》第一百四十七条规定："董事、监事、高级管理人员应当遵守法律、行政法规和公司章程，对公司负有忠实义务和勤勉义务。

董事、监事、高级管理人员不得利用职权收受贿赂或者其他非法收入，不得侵占公司的财产。"

1.10 股东的两种出资形式 <<<

 股东出资的财产贬值了，需要补足吗？

股东出资的方式有两种，分别为货币出资和非货币出资。

《公司法》第二十七条规定："股东可以用货币出资，也可以用实物、知识产权、土地使用权等可以用货币估价并可以依法转让的非货币财产作价出资；但是，法律、行政法规规定不得作为出资的财产除外。

对作为出资的非货币财产应当评估作价，核实财产，不得高估或者低估作价。法律、行政法规对评估作价有规定的，从其规定。"

但由于公司各阶段的运营状况不同，股东所出资产的实际价值也会发生变化。依据《公司法》第二十八条规定："股东应当按期足额缴纳公司章程中规定的各自所认缴的出资额。股东以货币出资的，应当将货币出资足额存入有限责任公司在银行开设的账户；以非货币财产出资的，应当依法办理其财产权的转移手续。

股东不按照前款规定缴纳出资的，除应当向公司足额缴纳外，还应当向已按期足额缴纳出资的股东承担违约责任。"

那么，当股东出资的非货币财产出现贬值时，创业者应该如何解决？首先要明确一点，即出资的财产贬值不是出资股东有意为之，若是股东有意为之，那么该股东必须补足出资。

对出资的非货币财产可能面对的价值变化，创业者要注意分两种情况对待。

（1）公司成立时发现某股东出资的非货币财产价值与章程所规定出资额差距过大，则依据《公司法》第三十条规定："有限责任公司成立后，发现作为设立公司出资的非货币财产的实际价额显著低于公司章程所定价额的，应当由交付该出资的股东补足其差额；公司设立时的其

21

他股东承担连带责任",以及《公司法》第九十三条规定:"股份有限公司成立后,发起人未按照公司章程的规定缴足出资的,应当补缴;其他发起人承担连带责任。股份有限公司成立后,发现作为设立公司出资的非货币财产的实际价额显著低于公司章程所定价额的,应当由交付该出资的发起人补足其差额;其他发起人承担连带责任",该股东应依法承担差额补足责任。

(2) 当公司存续期间因市场或其他客观因素导致股东出资的财产贬值,则依据《最高人民法院关于适用〈中华人民共和国公司法〉若干问题的规定(三)》第十五条规定:"出资人以符合法定条件的非货币财产出资后,因市场或者其他客观因素导致出资财产贬值,公司、其他股东或者公司债权人请求该出资人承担补足出资责任的,法院不予支持",不能追究股东的责任。

关于非货币财产贬值,某市中级人民法院通报过这样一个案例:某年1月,个人艺术家吕某和一家艺术公司共同成立A公司。吕某以其个人作品的完整版权评估作价600万元人民币出资,占A公司注册资本的30%。

同年2月,A公司成立。3月,B公司出具了吕某《手绘图系列》评估报告,报告显示,该作品的著作权在评估基准日的价值为人民币600万元。

第2年1月,C公司对吕某的这件作品重新出具了评估报告,A公司委托的吕某的作品著作权于评估基准日的公平市场价值为62万元。

面对这种非货币财产贬值的情况,吕某是不需要补足出资的。

股东在以非货币财产出资时,房产、知识产权及土地使用权这类财产会因为市场波动而出现价格波动,从而会影响公司的实际总体资本。在上述案例中,B、C两家公司的评估报告出现巨大差异,也正是因为涉案知识产权的价值是随着市场波动而改变的。为更好地使公司资本维持稳定状态,创业者可参考以下两点建议。

(1) 依据《最高人民法院关于适用〈中华人民共和国公司法〉若

干问题的规定（三）》第十五条规定，若公司股东之间没有进行特殊约定，出资股东出资的非货币财产没有瑕疵或不存在欺诈行为，当用以出资的非货币财产减值或失权时，股东不需补足资产。但是，公司可以在协议中约定排除本条的适用。

（2）由于认定非货币财产的价值要依赖评估报告，因此股东在出资时要选择各方股东都认可的评估公司，还要考虑日后市场的变化和其他客观因素的变化导致的非货币财产的变化。

1.11　股东抽逃出资被罚款 <<<

案例　股东抽逃出资，挂名董事承担连带责任

抽逃出资是指股东在企业验资注册后，以非法手段暗中将其所缴的出资撤回，但其股东身份和原有出资数额仍得以保留的一种欺诈性违法行为。它有两种形式，分别是抽逃注册资本和抽逃股东出资。其中，抽逃注册资本是一种违法犯罪行为，不仅侵犯企业的利益，还有可能侵犯除企业以外第三方的利益，如企业的债权人。

关于抽逃股东出资，《公司法》第三十五条规定："公司成立后，股东不得抽逃出资。"

《公司法》第二百条规定："公司的发起人、股东在公司成立后，抽逃其出资的，由公司登记机关责令改正，处以所抽逃出资金额百分之五以上百分之十五以下的罚款。"

袁某人到中年，事业有成。他名下有A公司、D公司两家公司，其中D公司是A公司旗下的子公司。袁某兼任两家公司的法定代表人。某年9月14日，A公司和B公司共同成立了C公司。依照约定，A公司应出资1719万元。

同年9月28日，A公司向E公司借款438万元。同日，A公司交纳给C公司438万元和1281万元两笔出资。至此，A公司的1719万元出资全部交纳完成。

同年12月3日，C公司用支付货款的名义向D公司汇款438万元，在C公司这笔款项的资金使用申请单上，袁某签了字。但C公司与D公司实际上并无交易关系。同年12月14日，D公司将这笔438万元的款项转付给E公司，以此偿还A公司欠E公司的借款。

事情败露后，C公司和B公司联合向法院起诉，请求法院判决A公司向C公司返还抽逃的出资，袁某承担连带责任。

《最高人民法院关于适用〈中华人民共和国公司法〉若干问题的规定（三）》第十四条第一款规定："股东抽逃出资，公司或者其他股东请求其向公司返还出资本息、协助抽逃出资的其他股东、董事、高级管理人员或者实际控制人对此承担连带责任的，人民法院应予支持。"因此，法院最终判决A公司返还抽逃注册资本438万元并由袁某承担连带责任。

1.12 股东会依照规定行使职权 <<<

案例 未经全体股东一致同意，不按出资比例分红的决议无效

隐名股东指的是出于某些原因，借用他人名义出资或设立公司，在公司的股东名册、工商登记和章程中，均记载股东为他人的实际出资人。

《最高人民法院关于适用〈中华人民共和国公司法〉若干问题的规定（三）》第二十四条规定："有限责任公司的实际出资人与名义出资人订立合同，约定由实际出资人出资并享有投资权益，以名义出资人为名义股东，实际出资人与名义股东对该合同效力发生争议的，如无《合同法》第五十二条规定的情形，人民法院应当认定该合同有效。

前款规定的实际出资人与名义股东因投资权益的归属发生争议，实际出资人以其实际履行了出资义务为由向名义股东主张权利的，人民法

院应予支持。"

胡某是某土地开发公司的员工，后来土地开发公司国企改制，该公司的部分员工自愿出资，共同组建了开发集团。胡某在此过程中出资15万余元，成为该开发集团的隐名股东。

到了5月中旬，该集团以初始出资额的10倍价格对38名股东名下的股份进行了回购，共向这些股东支付了约3000万元的股份转让款。

同年11月，该集团董事会确立了《关于认购部分股份的方案》。方案规定：将回购股份以回购价格的1/10进行认购分配，50%的股份分配给集团法定代表人孙某以及另外56名股东，其余50%分配给2位董事会成员、12位干部和其他在岗的29名股东。

该集团在同月召开了临时股东大会，全部57名股东中有55人参会，这些股东对《关于认购部分股份的方案》进行投票，45人同意，10人不同意。最终，该集团通过了《关于认购部分股份的方案》股东会决议。

由于并未按照股东的实际出资比例分配股份，胡某将该集团诉至法院。胡某认为，该集团忽视胡某等股东的反对意见，强行通过了损害其利益的《关于认购部分股份的方案》股东会决议，申请法院判决该股东会决议无效。

市中院一审驳回了胡某的诉讼请求，胡某不服，向省高院提起上诉，省高院认为除非全体股东另有约定，否则股东应按照实缴的出资比例分取红利。未经全体股东一致同意，该集团股东会做出不按实缴出资比例分红或变相分红的股东会决议，该股东会决议无效，省高院支持了胡某的诉讼请求。

在上述案例中，该集团用低股价分配股份的行为等同于变相分红，但并未按股东的实际出资比例分红，显然对部分中小股东不公平。

《公司法》第三十四条规定："股东按照实缴的出资比例分取红利；公司新增资本时，股东有权优先按照实缴的出资比例认缴出资。但是，全体股东约定不按照出资比例分取红利或者不按照出资比例优先认缴出资的除外。"因此，此案例中的股份认购方案必须得到全体股东一致认可，否则视为无效。

该集团在 10 名股东当场反对的情况下，强行通过了《关于认购部分股份的方案》并形成了股东会决议。根据《公司法》的相关规定，该股东会决议应被视为无效。

上述案例给创业者的启示有两点：一是未经全体股东一致同意，未按实缴的出资比例分红或变相分红的决议是无效的；二是实际出资人（隐名股东）的实际地位、实际权利和义务与挂名股东相等，企业必须依法对其地位与权益予以保护。若隐名股东的权益受损，可依法提起公司决议效力诉讼。

1.13　股东之间可以相互转让股权

案例　未通知其他股东就转让股权，转让是否有效？

《公司法》第七十一条规定："有限责任公司的股东之间可以相互转让其全部或者部分股权。

股东向股东以外的人转让股权，应当经其他股东过半数同意。股东应就其股权转让事项书面通知其他股东征求同意，其他股东自接到书面通知之日起满三十日未答复的，视为同意转让。其他股东半数以上不同意转让的，不同意的股东应当购买该转让的股权；不购买的，视为同意转让。

经股东同意转让的股权，在同等条件下，其他股东有优先购买权。两个以上股东主张行使优先购买权的，协商确定各自的购买比例；协商不成的，按照转让时各自的出资比例行使优先购买权。

公司章程对股权转让另有规定的，从其规定。"

因此，公司股东是可以相互转让股权的。但如果股东想向股东以外的人转让股权，就要征求其他股东的意见并考虑股东优先购买权问题。

股东优先购买权指的是在同等条件下，当公司其他股东拟转让股权

《公司法》：
公司安身立命的基本法 | 第1章

时，股东享有的优先购买的权利。《公司法》规定股东享有优先购买权的主要目的就是保证有限责任公司的老股东能够借助优先购买权维持对公司的控制权。

在实际运营公司时，很多股东向外部转让股权时，都是直接与第三方签订转让合同，同时办理登记手续，而不向其他股东通知转让事宜。这种行为实际上侵犯了其他股东的优先购买权。

我们的律师团队曾办理过这样一件案子：赵某和高某是自幼一起长大的表兄弟。某年2月，赵某与高某共同成立了一家贸易公司。该贸易公司的注册资金为人民币100万元，高某占股52%，赵某占股48%。

第二年7月13日，高某和其女友许某签订了股权转让合同，合同中约定高某将其名下52%的股权以52万元的价格转让给许某，许某在合同订立30日内以现金形式向高某一次性支付股权转让款。同日，许某以现金形式将52万元股权转让款支付给高某，高某向许某出具了收据。

同年8月，经市场监督管理部门核准，该贸易公司的股东由高某、赵某变更为许某、赵某。

赵某认为许某和高某的行为侵犯了其优先购买权，故以此为由向法院起诉，请求撤销高某和许某签订的股权转让合同，还要求按该合同的约定行使自己的优先购买权。

法院审理后认为：《公司法》第七十一条第二款以及该贸易公司的公司章程第十二条均规定了有限责任公司的股东向股东以外的人转让股权，应当经其他股东过半数同意。股东应就其股权转让事项书面通知其他股东征求同意，其他股东自接到书面通知之日起满三十日未答复的，视为同意转让。结合《最高人民法院关于适用〈中华人民共和国公司法〉若干问题的规定（四）》第十七条第一款"有限责任公司的股东向股东以外的人转让股权，应当就其股权转让事项以书面或者其他能够确认收悉的合理方式通知其他股东征求同意。其他股东半数以上不同意转让，不同意的股东不购买的，人民法院应当认定视为同意转让"的规定，有限责任公司的股东向股东以外的人转让股权，应当就其股权转让事项以书面或者其他能够确认收悉的合理方式通知其他股东征求同意。

最终，经法院调解，高某、许某撤销了股权转让合同并将股权恢复原状；赵某按照高某与许某于某年7月13日签订的股权转让合同在同等条件下行使了优先购买权，受让了高某持有的贸易公司52%的股权。

1.14 股东请求公司收购股权的三种情形

案例 公司盈利却不分配利润，股东该如何维权？

分配利润权又称分红权，是公司股东的基本权利，受到法律保护。如果股东的分配利润权受到侵犯，那么股东应依照《公司法》第七十四条的规定依法维权："有下列情形之一的，对股东会该项决议投反对票的股东可以请求公司按照合理的价格收购其股权：

（一）公司连续五年不向股东分配利润，而公司该五年连续盈利，并且符合本法规定的分配利润条件的；

（二）公司合并、分立、转让主要财产的；

（三）公司章程规定的营业期限届满或者章程规定的其他解散事由出现，股东会会议通过决议修改章程使公司存续的。

自股东会会议决议通过之日起六十日内，股东与公司不能达成股权收购协议的，股东可以自股东会会议决议通过之日起九十日内向人民法院提起诉讼。"

秦某于2020年与几位朋友一起成立了一家公司。几位朋友各有所长，能为公司的运营发展贡献极大价值，但秦某却一无是处。经过商议，众人决定秦某只需要实缴出资，而不需要参与公司的实际经营。

秦某欣然同意，出资货币财产人民币50万元，成为该公司的股东，持股比例为20%。公司成立了5年多，虽然连年盈利，却从未给他分配过利润。他找到了公司大股东，要求按出资比例分配利润，被其以秦某未参与公司的实际经营为由拒绝。秦某对自己作为股东依法出资却没有获得任何利润的结果非常不悦，便找到我们律师事务所咨询。

了解他的情况后，我们依据《公司法》第七十四条规定为他提出了三点建议，如图1-3所示。

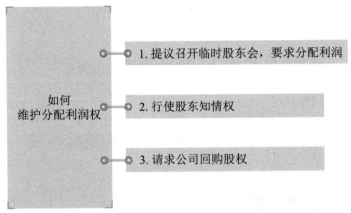

图1-3　股东维护分配利润权的方法

1. 提议召开临时股东会，要求分配利润

《公司法》第三十九条规定："股东会会议分为定期会议和临时会议。定期会议应当依照公司章程的规定按时召开。代表十分之一以上表决权的股东，三分之一以上的董事，监事会或者不设监事会的公司的监事提议召开临时会议的，应当召开临时会议。"秦某持有公司20%的股权，享有五分之一的表决权，如果公司章程对此方面无特殊约定，那么秦某可以提议召开临时股东会并提出分配利润的要求。

2. 行使股东知情权

《公司法》第三十三条规定："股东有权查阅、复制公司章程、股东会会议记录、董事会会议决议、监事会会议决议和财务会计报告。"股东若想维护自身权益，首先要对公司的财务状况和经营状况进行了解。虽然秦某并未参与过公司的经营，但根据《公司法》的相关规定，秦某有权查阅、复制公司章程、股东会会议记录、董事会会议决议、监事会会议决议和财务会计报告等资料。

3. 请求公司回购股权

行使股东知情权后,秦某可以明确公司 5 年来的盈利状况并要求公司向自己分配利润。此时如果股东会决议不分配利润,那么秦某可以反对该项表决并请求公司回购股权。回购股权的具体价格可以由双方协商,如果协商不成,应该以公司净资产为基数,按照秦某的持股比例确定一个合理的回收价格。

1.15 高管人员八种禁止行为

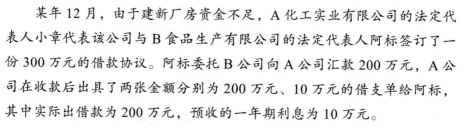

案例 公司高管"借新账、还旧账"虚构巨额债权

某年 12 月,由于建新厂房资金不足,A 化工实业有限公司的法定代表人小章代表该公司与 B 食品生产有限公司的法定代表人阿标签订了一份 300 万元的借款协议。阿标委托 B 公司向 A 公司汇款 200 万元,A 公司在收款后出具了两张金额分别为 200 万元、10 万元的借支单给阿标,其中实际出借款为 200 万元,预收的一年期利息为 10 万元。

次年 4 月,A 公司原董事长姜某将股权转让给阿标,阿标成为该公司股东。同年 10 月,阿标在该公司召开的股东会上被选举为董事长。随后,阿标迅速召开董事会并形成了董事会决议,将自己和该公司签订的 300 万元借款通过协议明确为其个人对公司的借款,并将 200 万元借款本金和截至次年 3 月 15 日的本息确定为 240 万元。

第三年 2 月,阿标为实现其债权,向小章提议,以 A 公司名义"借新账、还旧账",若造成损失,由阿标本人承担,与小章无关。在此过程中,阿标谎称其岳母丽姐愿意借款给公司,帮助公司偿还上述 200 万元借款(本息合计 240 万元)。随后,阿标以公司的厂房、设备和全部土地使用权作为抵押,拟定了向丽姐借款 240 万元的借款合同,又骗小章、丽姐在合同上签了字。

之后,阿标利用职务便利,将 B 公司 300 万元资金转移到其个人账户,又转入丽姐账户（此账户实被阿标所掌控）。至此，该笔资金便在其个人账户、丽姐账户、A公司账户之间循环转账，形成了A公司向丽姐借款240万元、阿标偿还200万元借款（本息合计240万元）两个虚假事实。

《公司法》第一百四十九条规定："董事、监事、高级管理人员执行公司职务时违反法律、行政法规或者公司章程的规定，给公司造成损失的，应当承担赔偿责任。"

对于高级管理人员的具体范围，参照《公司法》第二百一十六条第一款的规定："本法下列用语的含义：

（一）高级管理人员，是指公司的经理、副经理、财务负责人，上市公司董事会秘书和公司章程规定的其他人员。"

除上述案例中挪用公司资金的行为，我国《公司法》还对高管的其他几种行为明令禁止。

《公司法》第一百四十八条规定："董事、高级管理人员不得有下列行为：

（一）挪用公司资金；

（二）将公司资金以其个人名义或者以其他个人名义开立账户存储；

（三）违反公司章程的规定，未经股东会、股东大会或者董事会同意，将公司资金借贷给他人或者以公司财产为他人提供担保；

（四）违反公司章程的规定或者未经股东会、股东大会同意，与本公司订立合同或者进行交易；

（五）未经股东会或者股东大会同意，利用职务便利为自己或者他人谋取属于公司的商业机会，自营或者为他人经营与所任职公司同类的业务；

（六）接受他人与公司交易的佣金归为己有；

（七）擅自披露公司秘密；

（八）违反对公司忠实义务的其他行为。

董事、高级管理人员违反前款规定所得的收入应当归公司所有。"

1.16 另立会计账簿被罚款

案例 老板将公司资金转到个人账户，存在哪些法律风险？

在实际运营公司时，许多股东都未将个人财产与公司财产进行区分，比如，任意调配公司账户的资金，将私人账户当成公司资金的中转账户，或者以个人名义向第三方借款用于公司经营等。这些行为无疑会给股东个人和公司都带来风险。

《公司法》第一百七十一条规定："公司除法定的会计账簿外，不得另立会计账簿。对公司资产，不得以任何个人名义开立账户存储。"

《公司法》第二百零一条规定："公司违反本法规定，在法定的会计账簿以外另立会计账簿的，由县级以上人民政府财政部门责令改正，处以五万元以上五十万元以下的罚款。"

夏某是一家香水公司的总经理。方某、福某是夫妻，二人共同成立了一家玻璃公司，妻子福某任公司法定代表人，丈夫方某任公司总经理。夏某的香水公司和方某、福某的玻璃公司是合作关系，后者为前者提供玻璃香水瓶。

某年7月，方某代表公司同夏某签订了一份香水瓶采购合同，双方照惯例约定了付款方式、交货时间。随后，夏某依照合同，将10万元首付款汇入了福某个人账户，再由方某确认收到该款项。

但双方都没料到的事情发生了：玻璃公司因为一场意外爆炸，无法如期履行采购合同。在这一过程中，方某、福某未将10万元首付款返还给夏某。经夏某多次催讨，方某于第二年2月以个人名义向其出具借条并约定了还款期限，到期后，方某依然未能偿付债务。夏某遂将该香水公司和方某、福某诉至法院，要求偿还欠款及逾期利息。最终，经法院调解，方某、福某偿还了债务。

那么，除了罚款外，不区分个人账户与公司账户还有什么风险呢？

（1）民法方面的责任。从法律角度看，公司虽然具有独立人格，被视作法人，但实际上，控制公司的仍是股东。若将公司与股东的财产混同，公司和股东的责任就容易混淆。《公司法》第二十条规定："公司股东应当遵守法律、行政法规和公司章程，依法行使股东权利，不得滥用股东权利损害公司或者其他股东的利益；不得滥用公司法人独立地位和股东有限责任损害公司债权人的利益。

公司股东滥用股东权利给公司或者其他股东造成损失的，应当依法承担赔偿责任。

公司股东滥用公司法人独立地位和股东有限责任，逃避债务，严重损害公司债权人利益的，应当对公司债务承担连带责任。"

如果公司账户与股东账户混淆，股东非法转移、私吞公司资产，对公司对外承担责任能力产生影响，那么股东应对公司债务承担连带责任。

（2）税法方面的责任。按照税法的规定，将公司账户的资金转入股东个人账户，属于公司给股东的分红，股东应缴纳20%的个人所得税。若不依法缴纳，就属于偷逃税款行为，税务部门将依法追缴税款，对股东予以处罚。

（3）刑法方面的责任。股东若私下挪用公司资金并用于私人用途，不予归还，就有可能涉嫌职务侵占罪或挪用资金罪。

1.17 合并后，债务、债权由合并后的公司继承 <<<

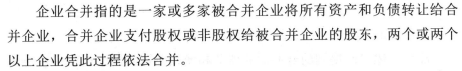

企业合并指的是一家或多家被合并企业将所有资产和负债转让给合并企业，合并企业支付股权或非股权给被合并企业的股东，两个或两个以上企业凭此过程依法合并。

在合并过程中，被合并企业合并前的债务在合并后如何处理，是创业者必须了解的知识。

赵某于2020年3月入职某食品加工公司，担任销售经理。入职时，双方依法签订了劳动合同，并在合同中约定赵某每月底薪为人民币7400元，餐补为每月500元，此外还有绩效待遇。进入该食品加工公司第一年，赵某的收入非常稳定。

但好景不长，第二年年初，由于食品加工行业的负面新闻大面积爆发，整个行业的发展陷入滞缓阶段，该食品加工公司也无可避免地开始走下坡路。到了第三年1月，该食品加工公司的资金周转出现问题，甚至无法正常支付员工的基本工资。赵某向公司讨薪，公司给赵某打了工资欠条。这种情况持续了半年，该食品加工公司最终因为无法继续经营而选择与同行业的另一家公司合并。合并后，新公司沿用了另一家公司的名称。

但此时，原食品加工公司还有约7万元的工资没有支付给赵某。赵某找到原公司负责人，负责人却推脱责任，让赵某找新公司要债，而新公司不承认这张欠条。于是赵某去法院起诉了这家合并后的新公司。

新公司的负责人王总觉得这是原公司的债务，找到我们咨询，我们向他介绍了《公司法》第一百七十四条规定："公司合并时，合并各方的债权、债务，应当由合并后存续的公司或者新设的公司承继。"也就是说，公司在合并后，合并前的债权和债务都必须由合并后的公司负责，赵某可以凭着借条，依法向合并后的公司讨要被拖欠的薪水。

同时，我们也向王总介绍了《公司法》第一百七十三条规定："公司合并，应当由合并各方签订合并协议，并编制资产负债表及财产清单。公司应当自作出合并决议之日起十日内通知债权人，并于三十日内在报纸上公告。债权人自接到通知书之日起三十日内，未接到通知书的自公告之日起四十五日内，可以要求公司清偿债务或者提供相应的担保。"根据此条规定，我们建议王总依法通知债权人并办理公告。

除了上述案例提到的合并后的债务和债权归属问题，创业者还需要知道公司合并的流程。根据《公司法》第一百七十三条规定，公司合并的法律程序如图1-4所示。

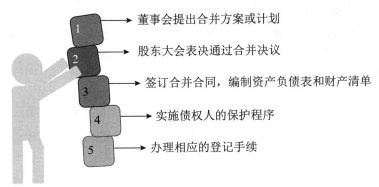

图1-4 公司合并的法律程序

1.18 经营严重困难，股东可请求解散公司

案例 公司连续三年亏损，股东起诉解散公司

小林和小王因为看见共同好友林某开公司赚取了丰厚利润，便心血来潮于某年3月共同成立了一家日用品公司。该日用品公司的注册资本为人民币200万元，小林实际出资160万元，持有公司80%的股权；小王实际出资40万元，持有公司20%的股权。

由于缺乏经验，在实际经营过程中，公司连年亏损。面对这种情况，二人之间产生了不少矛盾，公司的股东大会也常常因为二人不和而无法召开或无法形成有效决议。3年后，由于长期拖欠房租，公司租用的办公厂房遭房东强制收回。迫不得已，公司将所有员工遣散，停止营业。小王在万般无奈之下，找到了我们律师事务所，询问自己能否起诉，要求法院解散公司。

我们告诉他，依据《公司法》第一百八十二条规定："公司经营管理发生严重困难，继续存续会使股东利益受到重大损失，通过其他途径不能解决的，持有公司全部股东表决权百分之十以上的股东，可以请求人民法院解散公司。"

但并不是在所有情况下，股东都能以公司经营亏损为由，向法院起诉解散公司。

《最高人民法院关于适用〈中华人民共和国公司法〉若干问题的规定（二）》第一条规定："单独或者合计持有公司全部股东表决权百分之十以上的股东，以下列事由之一提起解散公司诉讼，并符合公司法第一百八十二条规定的，人民法院应予受理：

（一）公司持续两年以上无法召开股东会或者股东大会，公司经营管理发生严重困难的；

（二）股东表决时无法达到法定或者公司章程规定的比例，持续两年以上不能做出有效的股东会或者股东大会决议，公司经营管理发生严重困难的；

（三）公司董事长期冲突，且无法通过股东会或者股东大会解决，公司经营管理发生严重困难的；

（四）经营管理发生其他严重困难，公司继续存续会使股东利益受到重大损失的情形。"

上述案例中小王以公司因股东之间存在矛盾，无法召开股东大会，且公司连续3年亏损，无法经营，存续困难，若坚持经营，会严重损害股东利益。小王持有20%的公司股权，符合最高人民法院《关于适用〈中华人民共和国公司法〉若干问题的规定（二）》中的第一条规定，因此有权起诉并要求法院判决解散公司。

而下面这个案例不符合上述规定。

高女士于某年11月与两名朋友共同创立了一家化妆品销售公司。公司成立时的注册资本为人民币100万元，高女士实缴15万元，持有公司15%的股权。

由于经营不善，销售公司成立半年多一直处于亏损状态。高女士试图转让股权，但未能如愿。在公司亏损日益加剧的情况下，高女士担心自己投入的资金付诸东流，便开始多次联系其他股东，提议解散公司，对公司剩余财产进行清算，但其他股东并不同意。最终，高女士找到了我们，询问能否以公司亏损为由，向法院起诉，要求解散公司。

我们告诉她，根据《最高人民法院关于适用〈中华人民共和国公司法〉若干问题的规定（二）》第一条规定："股东以知情权、利润分配请求权等权益受到损害，或者公司亏损、财产不足以偿还全部债务，以及公司被吊销企业法人营业执照未进行清算等为由，提起解散公司诉讼的，人民法院不予受理。"

高女士的公司仅仅亏损了半年，其余情况也不符合《最高人民法院关于适用〈中华人民共和国公司法〉若干问题的规定（二）》的第一条规定，因此，她如果以公司亏损为由向法院起诉要求解散公司，法院不会受理。

那么，要达到什么条件，才可以判定公司经营状况出现严重困难呢？

创业者要知道，此处的"困难"不应只理解为财务方面的困难，还可理解为治理方面的严重困难。公司治理方面的严重困难包括如下几种情况：

（1）公司经营管理发生严重困难，包括无法召开股东会、董事会失灵、经营层面不受控制；

（2）公司继续存续，股东利益会遭受重大损失；

（3）公司遭遇的困境无法通过其他途径解决。

第 2 章

《民法典》——婚姻：
婚姻状况也能成为公司"内乱"的原因

在当今时代，夫妻同开公司是司空见惯的事。夫妻双方彼此信任、相互扶持，会为公司运营带来极大的便利。但由于法律规定夫妻财产共享，因此夫妻同开公司也存在财产难以分割的问题，甚至部分人还会利用此规定牟取私利。本章将结合具体案例讲述夫妻同开公司时常见的纠纷及相应对策。

2.1 夫妻档公司存在法律缺陷

> **案例** 夫妻同开有限公司，承担连带责任

杜某与白某在登记结婚不久后，共同出资成立了 A 公司。A 公司在向 B 公司拿货时，拖欠了 B 公司 200 万元货款。B 公司多次讨要无果，将 A 公司诉至法院。经法院调解，确认 A 公司应一次性支付 B 公司货款 200 万元。

B 公司向法院申请执行，但在扣划 A 公司存款 24000 元后，发现 A 公司已无可供执行的财产，遂猜测 A 公司将财产进行了转移。B 公司认为 A 公司符合一人公司的条件，要求法院追加杜某、白某为被执行人。

《最高人民法院关于民事执行中变更、追加当事人若干问题的规定》第二十条规定："作为被执行人的一人有限责任公司，财产不足以清偿生效法律文书确定的债务，股东不能证明公司财产独立于自己的财产，申请执行人申请变更、追加该股东为被执行人，对公司债务承担连带责任的，人民法院应予支持。"

B 公司请求法院依据上述规定，追加杜某、白某为被执行人，对 A 公司所欠债务承担连带责任。

法院审理后认为，A 公司属于一人有限责任公司。A 公司虽由杜某、白某两人出资成立，但杜某、白某为夫妻，A 公司设立于二人婚姻存续期间，且 A 公司工商登记备案资料中并无二人财产分割的书面证明或协议。因此，A 公司注册资本及全部股权来源于其夫妻共同财产，且二人均参与公司的管理经营。

综上，A 公司实质上是一人有限责任公司，杜某、白某对公司债务承担连带责任。

一人有限公司指的是只有一个自然人或法人的有限责任公司。在现

实生活中，当夫妻双方用共同财产出资成立有限公司时，尽管自然人股东数为两个，公司股权的所有权却为夫妻共有，该股权利益一致、实质单一，因此公司应当在实质意义上被认定为一人有限责任公司。如果夫妻二人无法证明相互之间财产独立，二人与公司之间财产独立，就应对公司的债务承担连带责任。

2.2 配偶并非绝对有权分割股权

案例 离婚时，非股东一方坚决要求分割股权

陈某和秦某是一对夫妻。在二人婚姻关系存续期间，陈某与第三方合伙开了一家公司。陈某以夫妻共同财产出资50万元，成了该公司的股东。

后因陈某忙于应酬，夫妻二人关系逐渐僵化，最终以离婚收场。在分割财产时，秦某认为陈某以夫妻共同财产出资，自己理所应当能够分割陈某的股权。

那么，秦某能够得偿所愿吗？

首先我们要明确，配偶没有绝对权利要求分割股权。

股东依法出资后享有股权，但作为股东的配偶，除非公司章程有特别约定，否则配偶只能要求分割股权的财产权益，不能享有股东享有的非财产权利。对夫妻共同的股权财产的分割，法律规定了两种方式，如图2-1所示。

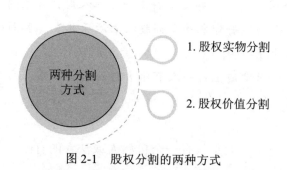

图2-1 股权分割的两种方式

1. 股权实物分割

要想直接分割股权，必须达成两个条件：一是夫妻双方协商同意后，作为股东的一方将部分或全部出资款转让给配偶；二是需要过半数股东同意并且其他股东明确放弃优先购买权。如此，该股东的配偶才能成为公司的股东。

2. 股权价值分割

若不能直接分割股权实物，则可以采取分割股权价值的方法。若夫妻双方对股权的实际价值有争议，可以采用协商一致、竞价、评估和参考市场价等方式来确定。

如果出现公司会计账册不全、财务管理混乱或者公司经营者不提供财务信息等情况，导致股权价值无法确定，那么法院可依据该公司在行政主管机关备案的财务方面的资料认定股权价值；或参照同地域、同行业的规模和收入水平相近的公司的收入或利润及其他方式来评估其价值。

其次我们要明确，配偶无法直接主张分割出资款。

夫妻一方作为公司股东，为转移财产，往往在婚内采用极低的价格转让股权。在这种情况下，如果配偶一方要求分割出资款，法院往往不予支持。

夫妻一方用共同财产出资后，该出资款便成为法人的财产，其权属已从夫妻共同财产变为有限责任公司的资产，因此不能在离婚案件中直接分割。

《公司法》第三十五条规定："公司成立后，股东不得抽逃出资。"如果配偶一方在离婚时要求直接分割出资款，会造成三点危害：一是混淆了出资款的性质、权属；二是侵害公司利益；三是违背《公司法》的相关规定。因此，配偶一方不能直接要求分割出资款。

2.3 夫妻一方恶意低价转让股权

案例 一方以"零元"转让股权，配偶要如何申诉权利？

柳某和宋某是一对夫妻。结婚第一年，为了有更好的物质生活，宋某以夫妻共同财产出资，和其他三位股东共同成立了一家公司。

谁料到，宋某品行不端，在与柳某结婚的第三年，有了婚外情。其婚外情人为牟利，设计圈套向宋某索要40万元，并要求宋某把他名下公司10%的股权给自己。迫于婚外情人的威胁，宋某瞒着柳某，将手中股权以零元转让给了婚外情人。

在现实生活中，夫妻二人其中一方以双方共同财产出资，与别人成立公司并按出资比例享有股权是常有的情况。当双方离婚时，对于此类财产的分割一直是法院审判的难点。那么，面对丈夫或妻子在婚内恶意转让股权的情况，另一方该如何为自己争取利益呢？

一是可以要求法院审查股权受让人是否构成善意取得。

法院应从四方面综合考虑并审查股权受让人是否构成善意取得。

（1）受让人是否知晓配偶一方不同意转让股权；

（2）受让人所付股权转让价格是否存在不合理对价情况；

（3）受让人和持股人是否存在法律上的利害关系；

（4）在转让时，受让人是否了解转让方与配偶婚姻关系恶化的情况，比如，已进入离婚诉讼等。

二是股东一方以低价，甚至零元在婚内转让股权时，其配偶可依据《民法典》有关规定维护自身权益。

《民法典》第一千零九十二条规定："夫妻一方隐藏、转移、变卖、毁损、挥霍夫妻共同财产，或者伪造夫妻共同债务企图侵占另一方财产的，在离婚分割夫妻共同财产时，对该方可以少分或者不分。离婚后，另一方发现有上述行为的，可以向人民法院提起诉讼，请求再次分割夫妻共同财产。"

2.4 配偶是否同意,不影响股权转让

> **案例** 私自转让股权被配偶诉至法院

谷某与赵某在婚姻关系存续期间,与某集团共同出资注册成立了A公司。后谷某因个人原因,与第三方签订了股权转让协议。协议中约定谷某将其持有的A公司股权转让给第三方。后A公司召开股东大会,做出同意双方转让股权的决议。谷某与第三方办理了股权变更登记手续后,赵某才得知此事。

赵某因为谷某转让股权不与自己商议,遂将谷某诉至法院。赵某认为谷某签订股权转让协议未经其同意,请求法院确认协议无效。一审法院支持了赵某的诉讼请求。第三方不服,提起上诉。

本案的争议之处在于:谷某名下的A公司股权属于其与赵某的夫妻共同财产,在未经赵某同意的情况下,谷某向第三方转让股权是否有效。

二审法院认为,谷某为组建A公司出资,发生在谷某与赵某婚姻关系存续期间,在夫妻双方没有特别约定的情况下,该出资款应属夫妻共同财产,但在出资行为转化为股权形态时,现行法律没有规定股权为夫妻共同财产,其也不具有"夫妻对共同所有的财产有平等处理权"这样的属性。

《公司法》第七十一条规定:"有限责任公司的股东之间可以相互转让其全部或者部分股权。

股东向股东以外的人转让股权,应当经其他股东过半数同意。股东应就其股权转让事项书面通知其他股东征求同意,其他股东自接到书面通知之日起满三十日未答复的,视为同意转让。其他股东半数以上不同意转让的,不同意的股东应当购买该转让的股权;不购买的,视为同意转让。

经股东同意转让的股权,在同等条件下,其他股东有优先购买权。

两个以上股东主张行使优先购买权的，协商确定各自的购买比例；协商不成的，按照转让时各自的出资比例行使优先购买权。

公司章程对股权转让另有规定的，从其规定。"

谷某转让股权给第三方经过了其他股东同意，因此，谷某转让其持有的 A 公司股权，即使未经其配偶赵某同意，也不影响股权转让协议的效力。法院最终撤销了原判，改判驳回赵某的诉讼请求。

《最高人民法院关于适用〈中华人民共和国民法典〉婚姻家庭编的解释（一）》第七十三条规定："人民法院审理离婚案件，涉及分割夫妻共同财产中以一方名义在有限责任公司的出资额，另一方不是该公司股东的，按以下情形分别处理：

（一）夫妻双方协商一致将出资额部分或者全部转让给该股东的配偶，其他股东过半数同意，并且其他股东均明确表示放弃优先购买权的，该股东的配偶可以成为该公司股东；

（二）夫妻双方就出资额转让份额和转让价格等事项协商一致后，其他股东半数以上不同意转让，但愿意以同等条件购买该出资额的，人民法院可以对转让出资所得财产进行分割。其他股东半数以上不同意转让，也不愿意以同等条件购买该出资额的，视为其同意转让，该股东的配偶可以成为该公司股东。

用于证明前款规定的股东同意的证据，可以是股东会议材料，也可以是当事人通过其他合法途径取得的股东的书面声明材料。"

2.5 夫妻共同债务，离婚也要共同偿还 <<<

 配偶私自做生意欠的债，离婚时要如何分担？

夫妻共同债务指的是婚姻关系存续期间，夫妻双方本着维持共同生活的目的，管理、使用和处分共有财产时，或从事生产、经营活动时产生的夫妻共同承担的债务。

下面先来看两个关于夫妻共同债务的案例。

A男与B女是一对新婚夫妻。2020年，A男和B女共同出资，开了一家理发店，该理发店由夫妻二人共同经营。两年后，由于经营不善，该理发店歇业关停，A男和B女的感情也在此过程中破裂，双方离婚。在理发店经营期间，A男和B女曾因为进货，共同向亲戚向某借款20万元，这20万元为夫妻共同债务。

C男与D女亦为夫妻关系。2020年，为了给家庭提供更好的物质生活条件，C男瞒着D女开了一家水果店，此水果店由C男经营。一年后，由于同行竞争激烈，水果店倒闭。D女知晓后，责怪C男隐瞒，双方感情破裂，二人离婚。在水果店经营期间，C男为购买货物，向亲戚赵某借款20万元，这20万元也为夫妻共同债务。

从上述两个案例可以得知，夫妻共同债务的产生情况分两种，如图2-2所示。

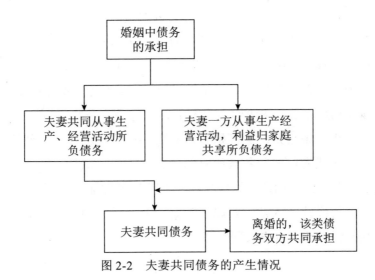

图2-2　夫妻共同债务的产生情况

第一种是夫妻共同从事生产、经营活动所负债务。

随着社会总体经济水平提高，家庭可支配财产日益增多。根据《民法典》第一千零六十二条规定："夫妻在婚姻关系存续期间所得的下列财产，为夫妻的共同财产，归夫妻共同所有：

（一）工资、奖金、劳务报酬；

（二）生产、经营、投资的收益；

（三）知识产权的收益；

（四）继承或者受赠的财产，但是本法第一千零六十三条第三项规定的除外；

（五）其他应当归共同所有的财产。

夫妻对共同财产，有平等的处理权。"

《最高人民法院关于适用〈中华人民共和国民法典〉婚姻家庭编的解释（一）》第二十五条规定："婚姻关系存续期间，下列财产属于民法典第一千零六十二条规定的'其他应当归共同所有的财产'：

（一）一方以个人财产投资取得的收益；

（二）男女双方实际取得或者应当取得的住房补贴、住房公积金；

（三）男女双方实际取得或者应当取得的基本养老金、破产安置补偿费。"

夫妻双方为了更好的生活，大多会将闲置的家庭财产用于投资。这种夫妻共同生产、经营所造成的债务就属于夫妻双方共同债务。同时，这也注定夫妻双方在离婚时，会产生相应的分割财产及划分债务的纠纷。

第二种是夫妻一方从事生产经营活动，利益归家庭共享所负债务。

从法律角度来看，夫妻组成家庭后，双方是一个共同体。《民法典》第一千零八十九条规定："离婚时，夫妻共同债务应当共同偿还。共同财产不足清偿或者财产归各自所有的，由双方协议清偿；协议不成的，由人民法院判决。"因此，即使生产、经营活动并非夫妻双方共同参与，其任意一方的经营收入都应归属于家庭，若此过程中产生债务，应当视为夫妻共同债务并由双方共同偿还。

第 3 章

《民法典》——合同：
合同既是交易的"保护伞"，也能成为公司的"催命符"

合同在公司运营过程中不可缺少，它规定了双方合作的期限、责任与义务，合作双方应该在这个期限内按照约定对彼此负责。但创业者如果缺乏签订合同的法律常识，那么在与他人签订合同时就容易忽视合同中的漏洞，因而遭受损失。本章将结合具体案例，为创业者讲解《民法典》中与合同相关的常用规定，帮助创业者规避签订合同的风险。

3.1 合同的三种形式 <<<

> **案例** 口头形式的合同也可以成立吗？

　　杨某和陈某是一对表兄弟，虽然幼年关系亲密，但陈某自幼刻苦学习，而杨某整天不学无术，随着年龄的增长，二人的人生差距逐渐拉开。

　　20年后，陈父因车祸突然离世，在其葬礼上，陈某和杨某再次相见。杨某听闻陈某事业有成，便以超市经营需要资金为由，于某年6月17日晚，向陈某借款人民币5万元。

　　陈某因与杨某相熟，了解杨某的生活情况，便拿出5万元交付给杨某本人。由于借款金额不大，又有众多宾客在场，陈某考虑到当众拟写借据有损双方颜面，便没有要求杨某出具书面借据。

　　当时，杨某口头向陈某承诺："一定还，有了钱就还。"但双方并没有约定具体还款时间和利息计算标准。时隔6个月后，陈某见杨某无还款意向，便多次向其催收，杨某则以各种理由拒不还款。

　　同年11月，陈某向当地法院提起诉讼，要求杨某归还欠款及利息，同时承担本案诉讼费用。

　　上述案例的争议处在于，杨某、陈某之间是否存在借款合同关系。

　　《民法典》第四百六十九条规定："当事人订立合同，可以采用书面形式、口头形式或者其他形式。

　　书面形式是合同书、信件、电报、电传、传真等可以有形地表现所载内容的形式。

　　以电子数据交换、电子邮件等方式能够有形地表现所载内容，并可以随时调取查用的数据电文，视为书面形式。"

　　其中，口头合同又称作口头协议，指的是双方当事人以谈话、电话等口头形式就合同内容协商一致,但无任何书面或有载体的形式来表现合同内容。

《民法典》第六百六十八条规定:"借款合同应当采用书面形式,但是自然人之间借款另有约定的除外。"

在这个案例中,原告陈某虽然无直接证据证明他与杨某之间存在借款合同关系,但他提交了真实有效、来源合法、内容客观的间接证据,如催杨某还款的手机短信、电话录音等,各证据之间能构成证据链,相互印证,足以证明其与被告杨某之间的债权债务关系。

因此,法院判决被告杨某归还向原告陈某所借的本金5万元,并向陈某支付从实际借款之日起到实际清偿之日止的利息。

上述案例给创业者的启示是:借款给他人是有风险的,必须按法律规定对此行为加以限制,切忌因为顾及情面而不让对方写借条或者不留借款凭证。否则,一旦另一方不守诚信,产生纠纷,即便我们可以向法院起诉,但可能会因为证据不足等原因,使我们无法通过法律保护自己的利益。

3.2 合同自成立时生效 <<<

> **案例** 合同成立不等于合同生效,"一房二卖"套路多

先来看一个案例。

井某因创业资金不足,于某年4月与云某约定好,将一处房产以140万元的价格转让给云某,其中包含首付45万元。约定好后,双方签订了房屋转让协议。

但在此前,井某已经与案外人杨某、庄某就涉案房屋签订过转让协议。因此,云某与井某的涉案协议中另有约定:此前井某与案外人杨某、庄某所签订的房屋转让协议作废,杨某、庄某的已付款由井某与云某结算,杨某、庄某需签字确认。双方签字后,云某即于协议签订当日向井

某支付了 45 万元,并在次月开始按月为涉案房屋还贷。

可云某没料到,井某没有按照协议约定为其办理房屋过户手续,还瞒着他将涉案房屋转让给了庄某之妻黄某,并将涉案房屋登记到黄某名下。

因此,原告云某将井某诉至法庭并提出如下诉讼请求:①解除与被告签订的房屋转让协议,退还原告已经支付的购房款并支付利息;②被告向原告赔偿其他经济损失;③本案诉讼费用由被告承担。

本案中的两个争议焦点分别为:原告与被告井某签订的涉案协议的效力;合同成立未生效的法律后果。

先看第一个争议焦点。法院认为:当事人采用书面形式订立的合同,自双方当事人签字或者盖章时合同成立。某年 4 月,原告与被告井某签订涉案协议,该协议当事人、标的、价款明确,而且内容经双方当事人签字确认,应为成立。

当事人对合同的效力可以约定生效条件。附生效条件的合同自条件达成时生效。原告云某对此前被告与杨某、庄某签订房屋转让协议的事实知情,原告出于交易安全的考虑,与被告井某附加了要求原协议乙方即杨某、庄某对该协议内容签字确认的条件。故该协议实质上为附生效条件的合同。生效条件为杨某、庄某在涉案协议上签字确认。

事实上,杨某、庄某未在原协议"乙方"栏签字,结合井某将涉案房屋的购买人变更为黄某的事实,表明附加条件未达成。综上,原告与被告井某签订的涉案协议成立未生效。

再看第二个争议焦点。法院认为:出卖人因未取得所有权或者处分权致使标的物不能转移,买受人可以要求出卖人承担违约责任或者要求解除合同并主张损害赔偿。

在本案中,原告云某基于明知被告井某不具有涉案房屋处分权的前提,与井某设定了权利人杨某、庄某签字确认的生效条件。现该条件未能达成,原告与被告井某签订的涉案协议未生效。被告井某将涉案房屋过户至黄某名下,不构成"一房二卖"。涉案房屋未能转移至原告名下的原因在于条件未达成,而非被告井某未取得处分权,故原告不得以被告井某未取得处分权致使标的物不能转移为由,要求被告井某承担违约责任或者要求解除合同并主张损害赔偿。

合同解除是合同权利义务终止的法定情形之一。合同成立,但并未生效的,虽然在当事人之间并不产生现实的权利义务关系,但为合同当事人设定了应该有的权利义务关系。此外,法律并无明确规定合同解除的对象为已生效合同。故对于已成立未生效的合同,可以解除。合同当事人基于合同成立,对合同的继续履行保留期待。

涉案协议所附生效条件已经不能达成,如不解除,会使合同当事人的期待利益落空;原告基于对涉案协议可以履行的信赖支付了部分房款,如不解除,当事人的实际利益将会受损;如继续保持涉案协议成立未生效的状态,不予解除,不利于交易安全,亦有违公平。

3.3 合同无效的四种情形

> **案例** 签约主体没有签约资格,酿成苦果

无效合同指的是虽然已经成立但缺失有效要件的合同,法律不按照当事人之间的合意赋予无效合同法律效力。那么,哪几种条件缺失会造成合同无效呢?我们结合具体案例来看一看。

上海某科技公司准备购买一批新的电脑设备,最后与上海某电器公司达成协议,双方约定购买价格为 18 万元,并且口头约定某月 25 日之前把电脑送到买方的办公地点。另外,双方还约定,买方需要先支付给卖方 8 万元定金,之后的 10 万元尾款在电脑送达并检查合格后 3 天内支付。

电器公司在该月 24 日将科技公司预订的电脑送到了目的地。可是,一个星期过去了,电器公司却没有收到科技公司应付的剩余款项。于是,电器公司负责人亲自与科技公司交涉。结果得到的答复是:该公司只是上海的一个办事处,不具备签订合同的资格。之后,电器公司又找到该公司的总部,总部的答复是:与电器公司合作的办事处不具备法人资格。

因此，该办事处做出的承诺和约定不代表总部的意志，没有法律效力。当买方不愿意主动支付剩余款项时，电器公司只能处于极度被动的状态，无法走法律程序，因为没有具有法律效力的证明材料。

以上案例给创业者的启示是：在进行商业合作之前，一定要签订合作合同，并且要对合同的签约主体进行资格审核。例如，审查对方是否有签订合同的资格以及授权证明（如公司的营业执照、机构代码证、商标证书、授权书、身份证件等）。为了确保证件的真实性，我们还可以上网查验或者电话咨询。

另外，运营中心、分公司、办事处、接待处、联络处等都是没有签约资格的主体。如果公司运营者遇到的签约主体属于以上任何一种，一定要查验其总公司的书面授权文件。否则，不能与其签订合同。

除了上述案例中涉及的情景，《民法典》还有三种关于合同无效情形的规定。

第一百四十六条规定："行为人与相对人以虚假的意思表示实施的民事法律行为无效。"

第一百五十三条规定："违反法律、行政法规的强制性规定的民事法律行为无效。但是，该强制性规定不导致该民事法律行为无效的除外。违背公序良俗的民事法律行为无效。"

第一百五十四条规定："行为人与相对人恶意串通，损害他人合法权益的民事法律行为无效。"

3.4　可撤销合同的五种情形 <<<

 遭受欺诈所签订的合同，是否可撤销？

创业者在经营公司时，难以避免地要和第三方签订一些合同。在这个过程中，如果合作对象不怀好意而创业者又疏于防范，便有可能在签订合同时被对方欺诈。那么，此类遭受欺诈所签订的合同是否可以撤销呢？有这样一个案例。

某运输公司和某实业公司于某年4月签订了一份购车合同。合同约定，运输公司购买实业公司的某品牌车辆，该车的发动机号码末六位为371254，总价是23万余元。

同年5月，运输公司所购车辆突现故障，遂送至修理点维修，发现该车实际发动机号码末六位为454337，而合同约定的和该车行驶证上载明的发动机号码末六位都是371254。

经查，此车曾被出售过，但因发动机质量问题被退货，实业公司将其重新入户，更换了发动机后再次出售给运输公司。

于是运输公司将实业公司诉至法院，要求撤销购车合同，并返还购车款23万余元，赔偿3倍损失69万余元。

法院审理后认为：被告故意隐瞒事实，对原告实施购车欺诈，原告有权要求撤销合同。原告购车是用于货物运输，不是用于生活消费，故法院对于原告要求3倍赔偿的诉讼请求不予支持。法院判决被告返还原告购车款及赔偿各项损失共计30万余元，原告返还被告车辆。

《民法典》第一百四十八条规定："一方以欺诈手段，使对方在违背真实意思的情况下实施的民事法律行为，受欺诈方有权请求人民法院或者仲裁机构予以撤销。"

在上述案例中，实业公司在向运输公司隐瞒了涉案车辆曾出售并更换过发动机的事实的情形下，与运输公司订立了购车合同。此举违反了《民法典》的相关规定，并给运输公司带来了损失。

除此之外，《民法典》还针对另外四种可撤销合同的情形做出了规定。

第一百四十七条规定："基于重大误解实施的民事法律行为，行为人有权请求人民法院或者仲裁机构予以撤销。"

第一百四十九条规定："第三人实施欺诈行为，使一方在违背真实意思的情况下实施的民事法律行为，对方知道或者应当知道该欺诈行为的，受欺诈方有权请求人民法院或者仲裁机构予以撤销。"

第一百五十条规定："一方或者第三人以胁迫手段，使对方在违背真实意思的情况下实施的民事法律行为，受胁迫方有权请求人民法院或者仲裁机构予以撤销。"

第一百五十一条规定："一方利用对方处于危困状态、缺乏判断能力等情形，致使民事法律行为成立时显失公平的，受损害方有权请求人民法院或者仲裁机构予以撤销。"

除了上述五种可撤销合同的情形，创业者还应知道撤销权消灭的几种情形。

《民法典》第一百五十二条规定："有下列情形之一的，撤销权消灭：

（一）当事人自知道或者应当知道撤销事由之日起一年内、重大误解的当事人自知道或者应当知道撤销事由之日起九十日内没有行使撤销权；

（二）当事人受胁迫，自胁迫行为终止之日起一年内没有行使撤销权；

（三）当事人知道撤销事由后明确表示或者以自己的行为表明放弃撤销权。

当事人自民事法律行为发生之日起五年内没有行使撤销权的，撤销权消灭。"

3.5 债权人可以拒绝提前履行债务

案例 借钱人要提前还款，约定好的利息怎么办？

履行期限是指债务人履行债务的时间段，其起始时间为合同生效之时或之后。具体期限的长短，应按照当事人的约定；如果未约定或约定不明确，则要按照法律的规定确立。

《民法典》第五百零九条规定："当事人应当按照约定全面履行自己的义务。

当事人应当遵循诚信原则，根据合同的性质、目的和交易习惯履行通知、协助、保密等义务。"

期限利益是指在履行期限届满以前，债权人要求债务人履行债务或者债务人主动履行债务时，相对一方失去的利益。此处需要注意，债权人可以主动抛弃期限利益，要求债务人提前履行债务，但债务人无法要求债权人主动抛弃期限利益。在这个过程中被抛弃的期限利益，利益人不能请求返还。同时，若出现侵害对方期限利益的情况，侵害人要负赔偿责任。

债务人提前履行债务指的是债务人未按合同约定的期限，在其到来之前就履行合同。

债权人拒绝债务人提前履行债务，指的是债权人在享有期限利益的情况下，为了保护其期限利益，拒绝债务人提前履行债务。

创业者为了公司资金周转可能会向他人借钱，有时会碰到债权人不同意提前还款的情况。下面我们来看一个案例。

沈某是一家设计公司的老板。因疫情防控期间生意惨淡，公司资金周转出现问题，沈某遂向朋友于某借款20万元，二人签订了借款合约，约定月息为1%，借期6个月，到期后一次性将本息付清。没想到的是，借款1个月后，沈某接了一笔大单，有了偿还能力，于是准备提前向于某还款。

但到了还款环节，二人就利息问题产生了矛盾。沈某认为，每个月的利息为2000元，他只向于某借了1个月，因此只需支付1个月的利息；于某认为，根据合约，6个月后他可以获得12000元的利息，但沈某提前5个月还款，他只能获得2000元的利息。最终，于某拒绝了沈某提前还款的要求。

沈某就此问题找到我们进行咨询，他想知道于某是否能拒绝其提前还款的要求。

听完沈某所述情况，我们告诉沈某，《民法典》第五百三十条规定："债权人可以拒绝债务人提前履行债务，但是提前履行不损害债权人利益的除外。债务人提前履行债务给债权人增加的费用，由债务人负担。"具体到沈某和于某的纠纷，沈某作为借款人向出借人于某提前还款，其实是放弃了自己的期限利益。而且这既不会损害出借人的利益，也不损害社会公共利益和他人合法权益，因此出借人不得拒绝受领。

那么，提前还款应当如何计算利息呢？对此，《民法典》第六百七十七条规定："借款人提前返还借款的，除当事人另有约定外，应当按照实际借款的期间计算利息。"也就是说，沈某可以提前清偿债务，只要承担实际借款的期间利息，于某就不能拒绝。

3.6 债权人可将债权转让给第三人

案例 未经债务人同意的债权转让有效吗？

债权转让指的是签订合同的债权方，即债权人将全部或部分债权转让给第三方的行为。举例来说，B 找 A 借了 100 万元，双方签订了借款合同，A 就是债权人。A 把全部债权给了 C，C 就成了 B 的债权人，B 需要直接把 100 万元还给 C。

那么，在这个过程中，债权人可以不经债务人允许，擅自将自己的债权转让吗？下面结合一个具体案例进行分析。

小魏因创业，向亲戚谢先生借款 300 万元。双方签订了借款合同，约定 2019 年 4 月偿还。2018 年 10 月，谢先生急需用钱，便私下与另一位亲戚曹某商议，用 200 万元的价格将自己对小魏的 300 万元的债权转让给曹某。双方签订了协议，根据协议，到了 2019 年 4 月，曹某便可以向小魏行使 300 万元的债权。在这个过程中，谢先生并未将此事通知小魏。到了 2019 年 4 月，曹某向小魏索要欠款时，小魏却说自己并不欠曹某钱，拒绝偿还。

小魏虽然拒绝了曹某，但迅速向谢先生确认了此事。得知确实如此后，小魏找到了我们，询问是否还需要向曹某还钱。

我们听完小魏的叙述，告知小魏，《民法典》第五百四十五条规定："债权人可以将债权的全部或者部分转让给第三人，但是有下列情形之一的除外：

（一）根据债权性质不得转让；

（二）按照当事人约定不得转让；

（三）依照法律规定不得转让。"

《民法典》第五百四十六条规定："债权人转让债权，未通知债务人的，该转让对债务人不发生效力。

债权转让的通知不得撤销，但是经受让人同意的除外。"

在小魏的案例中，虽然谢先生向曹某转让债权时没有通知小魏，但作为债权人，他依法享有转让债权的权利，无须征得小魏的同意。因此，谢先生和曹某之间的债权转让协议合法有效。在这个过程中，由于谢先生在向曹某转让债权时没有通知小魏，小魏就有权拒绝向曹某履行应该向谢先生履行的债务。

除了上述内容，创业者还应了解债权转让的注意事项，如图3-1所示。

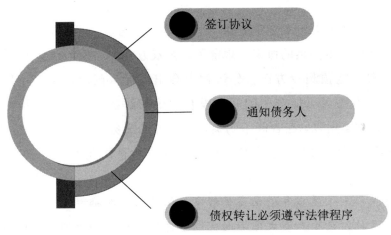

图3-1　债权转让的注意事项

（1）签订协议。债权人与受让人就转让问题取得一致意见后，应当签订债权转让协议。

（2）通知债务人。根据《民法典》第五百四十六条规定，债权人在向第三方转让债权时应当通知债务人，若未通知，则不发生效力。

（3）债权转让必须遵守法律程序。《民法典》第五百零二条规定："依法成立的合同，自成立时生效，但是法律另有规定或者当事人另有约定的除外。

依照法律、行政法规的规定，合同应当办理批准等手续的，依照其规定。未办理批准等手续影响合同生效的，不影响合同中履行报批等义务条款以及相关条款的效力。应当办理申请批准等手续的当事人未履行义务的，对方可以请求其承担违反该义务的责任。

依照法律、行政法规的规定，合同的变更、转让、解除等情形应当办理批准等手续的，适用前款规定。"

3.7　不履行合同义务应承担违约责任 <<<

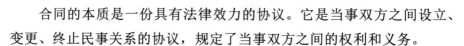

案例　不履行合同义务，好朋友反目成仇

合同的本质是一份具有法律效力的协议。它是当事双方之间设立、变更、终止民事关系的协议，规定了当事双方之间的权利和义务。

没有人能预测双方在合作过程中会出现什么问题，会产生何种纠纷。如果双方对可能产生的问题没有明确的解决方案，日后可能会出现很多麻烦。所以，在合同中明确合作双方的义务是必不可少的。那么，如果不履行合同义务，会有什么样的后果呢？下面结合具体案例来看。

李某和袁某是多年的同窗兼好友，而且两个人都有开一间茶餐厅的愿望。为此，两个人在大学期间就做了详细的调研和规划。毕业后，他们按照计划开始了第一次创业。

由于两个人是好友关系，彼此非常信任，因此，两人虽然签订了合同，但在工作中并未严格按合同条款执行，谁愿意负责哪方面工作就负责哪方面工作。

随着时间的推移,餐厅逐渐有了知名度,生意越来越火爆。这本该是一件值得高兴的好事,然而,李某和袁某之间却开始出现矛盾。起因是餐厅开了连锁店,连锁店管理方面出现了问题。当初二人在签订合同时约定由李某负责管理事宜。李某忙不过来,希望袁某帮忙,但袁某认为当初合同约定的是李某负责管理事宜,自己只负责原料采购,便拒绝了李某。最终两个人因为在分工上没有达成一致意见而发生了纠纷。

上述案例就是一则典型的因不履行合同义务而产生严重问题的案例。

《民法典》第五百零九条规定:"当事人应当按照约定全面履行自己的义务。

当事人应当遵循诚信原则,根据合同的性质、目的和交易习惯履行通知、协助、保密等义务。

当事人在履行合同过程中,应当避免浪费资源、污染环境和破坏生态。"

对于合作双方来说,合同中必定会涉及义务履行问题,而商讨义务所属问题又是最容易引起合作双方冲突的。不过,有冲突并不可怕,可怕的是没有有效的解决方案或依据。当人们面对冲突时,都会极力维护自己的利益,这时如果没有能够约束彼此的依据,那就很容易陷入僵局。

为了保证合作关系的顺利进行,也为了避免在日后合作中发生不可调和的冲突,在订立合同时要先明确双方的义务。经验不足的创业者可以参考同行业内其他人的意见,或者咨询专业律师。

总而言之,关于双方需要履行的义务,在合同中呈现得越详细越好,这也是订立合同时需要注意的事项之一。

《民法典》第五百七十七条规定:"当事人一方不履行合同义务或者履行合同义务不符合约定的,应当承担继续履行、采取补救措施或者赔偿损失等违约责任。"

根据此规定,如果一方不履行约定好的义务,另一方可以依法维权。

3.8 双方都违反合同，应各自承担责任

> **案例** 顾客在疗养院摔伤，疗养院应该担负全责吗？

林阿姨和陆大爷是一对老年夫妻。二人退休10年后，因为子女都在国外，膝下无人照料，便双双住进了一家高端疗养机构。

入住时，夫妻二人与疗养机构签订了协议，约定疗养机构为其提供有偿的养生服务。此后，林阿姨和陆大爷便在该疗养机构中进行疗养。

在疗养机构中，林阿姨和陆大爷结识了两位新朋友。由于志趣相投，4人便在某日一同前往某溶洞游玩。疗养机构获悉此情况后，仅派出1名工作人员陪同。由于溶洞光线昏暗、地面不平，在游览过程中，林阿姨不慎摔伤，被溶洞工作人员紧急送往医院。林阿姨在住院期间需要支付很多如医疗费、护理费等的费用。

林阿姨出院后，将疗养机构诉至法院，认为疗养机构未能保护好自己，要求疗养机构赔偿其在住院期间产生的所有费用及精神损失费。疗养机构则认为错不在己方，林阿姨是主动外出游玩，事故发生地点不在疗养机构，概不负责。

《民法典》第五百零九条规定："当事人应当按照约定全面履行自己的义务。

当事人应当遵循诚信原则，根据合同的性质、目的和交易习惯履行通知、协助、保密等义务。

当事人在履行合同过程中，应当避免浪费资源、污染环境和破坏生态。"

《民法典》第五百九十一条规定："当事人一方违约后，对方应当采取适当措施防止损失的扩大；没有采取适当措施致使损失扩大的，不得就扩大的损失请求赔偿。

当事人因防止损失扩大而支出的合理费用，由违约方负担。"

《民法典》第五百九十二条规定:"当事人都违反合同的,应当各自承担相应的责任。

当事人一方违约造成对方损失,对方对损失的发生有过错的,可以减少相应的损失赔偿额。"

法院审理后认为:根据《民法典》第五百零九条规定,原告林阿姨在游玩过程中没有尽到谨慎义务,因此需要承担部分违约责任。疗养机构有保障林阿姨安全的责任,其明知4位老人去溶洞这种危险的地方游玩,却未能履行安全告知、合理照顾责任,存在一定过错。

结合疗养机构的服务合同和林阿姨的自身情况,判定双方均存在违约行为,均应承担各自的责任。经法院调解后,双方达成和解,疗养机构向林阿姨赔付30%的医疗费用。

3.9 收定金不履行债务,应双倍返还定金

> **案例** 收了定金不发货,应当双倍赔偿

定金指的是当事双方为了确保债务能够履行,由当事一方预先支付给另一方的、作为担保的一定数额的货币。

《民法典》第五百八十六条规定:"当事人可以约定一方向对方给付定金作为债权的担保。定金合同自实际交付定金时成立。

定金的数额由当事人约定;但是,不得超过主合同标的额的20%,超过部分不产生定金的效力。实际交付的定金数额多于或者少于约定数额的,视为变更约定的定金数额。"

创业者在实际营业时,可能会遇到交付定金但对方不履行责任的情况,面对此种情况,创业者该如何应对?下面我们来看一个案例。

左某自幼爱好甜食,大学毕业后在市中心开了一家奶茶店。因为左某善于营销,注重创新,懂得维护与客人的关系,所以生意越来越红火。

2020年底，左某向一家设备公司订购了最新款的奶茶生产设备，共缴纳18万元定金，签订了定金合同。但半年过去了，设备公司迟迟不发货。左某中途催促过几次，被对方以各种理由搪塞。由于店内资金周转不过来，左某向设备公司提出了终止合同的要求，并提出要设备公司返还18万元定金。没料到，设备公司依旧回避与左某沟通。

左某在万般无奈之下，将设备公司起诉至当地法院，要求设备公司双倍返还定金。

法院审理后认为：该设备公司多次单方推迟交货且至今并未交付货物，致使左某无法达成合同目的，构成违约。

根据《民法典》第五百八十七条规定："债务人履行债务的，定金应当抵作价款或者收回。给付定金的一方不履行债务或者履行债务不符合约定，致使不能实现合同目的的，无权请求返还定金；收受定金的一方不履行债务或者履行债务不符合约定，致使不能实现合同目的的，应当双倍返还定金。"

因此，该设备公司理应承担违约责任，左某要求双倍返还定金的请求是合法的。法院最终判决设备公司双倍返还左某36万元。

这个案例给创业者的启示是：创业者如果签订定金合同，应当采取书面形式，而且定金合同中必须明确规定交付期限。

3.10 可以约定违约金

案例 一方违约，合同没规定该怎么赔偿违约金

违约金指的是签订合同的当事双方的其中一方，违约不履行合同或不完全履行合同时，要支付给另一方的一定数额的金钱。

小玲是家里的独生女儿，她是一位年轻、大胆的姑娘。因不满一成

不变的生活，小玲决心去外地创业。时值3月，出发前，父母因担心小玲孤身在外，便联系了在外地的亲戚，通过亲戚提前帮小玲租好了底商商铺，以邮寄的方式让小玲签订了为期半年的租房合同，合同规定租房时间为当年6月至12月。

4月初，小玲的父母因为放心不下而最终反悔，不让小玲去外地。小玲给房东打电话，希望撤销自己的租房合同。但房东却说小玲此举属于违约行为，需要赔偿违约金和损害赔偿金。

小玲不知所措，赶快去找律师咨询。律师在了解情况后做出如下分析。

首先房东的行为是合法的。

《民法典》第五百七十七条规定："当事人一方不履行合同义务或者履行合同义务不符合约定的，应当承担继续履行、采取补救措施或者赔偿损失等违约责任。"

《民法典》第五百七十八条规定："当事人一方明确表示或者以自己的行为表明不履行合同义务的，对方可以在履行期限届满前请求其承担违约责任。"

小玲明明已经和房东签了租房合同，但是提前说不租了，依据相关法律，房东可以要求小玲赔偿。

但是小玲可以放心，虽然要赔偿，但《民法典》第五百八十五条规定："当事人可以约定一方违约时应当根据违约情况向对方支付一定数额的违约金，也可以约定因违约产生的损失赔偿额的计算方法。

约定的违约金低于造成的损失的，人民法院或者仲裁机构可以根据当事人的请求予以增加；约定的违约金过分高于造成的损失的，人民法院或者仲裁机构可以根据当事人的请求予以适当减少。

当事人就迟延履行约定违约金的，违约方支付违约金后，还应当履行债务。"

这意味着房东不能同时主张赔偿违约金和损害赔偿金。

违约金的赔偿分两种情况：一是当事双方未约定违约金；二是约定了违约金，但与实际损失有出入。小玲和房东签订的租房合同未约定违约金，房东只可以主张损失赔偿。至于具体的赔偿金额，则要参考以下两个规定。

《民法典》第五百八十二条规定："履行不符合约定的，应当按照当事人的约定承担违约责任。对违约责任没有约定或者约定不明确，依据本法第五百一十条的规定仍不能确定的，受损害方根据标的的性质以及损失的大小，可以合理选择请求对方承担修理、重作、更换、退货、减少价款或者报酬等违约责任。"

《民法典》第五百八十四条规定："当事人一方不履行合同义务或者履行合同义务不符合约定，造成对方损失的，损失赔偿额应当相当于因违约所造成的损失，包括合同履行后可以获得的利益；但是，不得超过违约一方订立合同时预见到或者应当预见到的因违约可能造成的损失。"

至于违约金的衡量因素，则如图 3-2 所示。

图 3-2　违约金的衡量因素

（1）基础标准。违约方的违约行为对另一方造成的实际损失，基础标准要由法院进行审查，当事人进行举证。

（2）合同的履行程度。合同的履行程度对违约方违约行为的影响是很大的，充分考虑合同的履行程度能使结果更公平。

（3）违约方的过错程度。违约行为是主观还是客观，直接影响违约金惩罚或补偿的性质。惩罚的目的是让违约方有所敬畏，从而能积极地履行相关义务。

（4）其他因素。比如，签订合同时预测的违约带来的损失。

3.11 标的物质量不符合要求,买受人可拒收

案例 货物存在质量问题时,买受人是否有权解除合约?

创业者在实际运营公司时可能遇到出卖方交付的标的物质量不符合要求的情况。比如订购的面粉发霉,无法用于食品加工;原料品相有瑕疵,无法上市出售等。遇到这些情况,创业者作为买受方,该如何处理?下面我们来看一个案例。

A电玩城从B公司处购买了50台抓娃娃机,双方依法签订了买卖合同。合同约定,B公司必须交付质量合格的抓娃娃机。

一个月后到了双方约定的交货时间,B公司在交货时承诺所有机器质量合格,可A电玩城在验货时却发现该批抓娃娃机的抓手部分有严重质量问题,根本无法投入使用,遂拒收。双方经协商未达成一致意见。在此过程中,由于没有机器,A电玩城的客流量受到影响,利润明显减少。基于上述情况,A电玩城将B公司诉至法院,要求解除双方的买卖合同,同时要求B公司将货款退还并承担违约责任。

本案的争议焦点在于,该电玩城是否有权解除双方的合同。

《民法典》第五百八十二条规定:"履行不符合约定的,应当按照当事人的约定承担违约责任。对违约责任没有约定或者约定不明确,依据本法第五百一十条的规定仍不能确定的,受损害方根据标的的性质以及损失的大小,可以合理选择请求对方承担修理、重作、更换、退货、减少价款或者报酬等违约责任。"

《民法典》第五百八十三条规定:"当事人一方不履行合同义务或者履行合同义务不符合约定的,在履行义务或者采取补救措施后,对方还有其他损失的,应当赔偿损失。"

《民法典》第五百八十四条规定:"当事人一方不履行合同义务

或者履行合同义务不符合约定，造成对方损失的，损失赔偿额应当相当于因违约所造成的损失，包括合同履行后可以获得的利益；但是，不得超过违约一方订立合同时预见到或者应当预见到的因违约可能造成的损失。"

《民法典》第六百一十条规定："因标的物不符合质量要求，致使不能实现合同目的的，买受人可以拒绝接受标的物或者解除合同。买受人拒绝接受标的物或者解除合同的，标的物毁损、灭失的风险由出卖人承担。"

《民法典》第六百一十五条规定："出卖人应当按照约定的质量要求交付标的物。出卖人提供有关标的物质量说明的，交付的标的物应当符合该说明的质量要求。"

《民法典》第六百一十七条规定："出卖人交付的标的物不符合质量要求的，买受人可以依据本法第五百八十二条至第五百八十四条的规定请求承担违约责任。"

在上述案例中，A电玩城与B公司在买卖合同中明确约定B公司必须交付质量合格的抓娃娃机。根据《民法典》第六百一十五条规定，交付符合质量要求的标的物乃是B公司的主要义务。B公司交付的抓娃娃机存在质量问题，影响了A电玩城的投入使用，致使A电玩城的合同目的没有实现，B公司的行为已构成违约。根据《民法典》第六百一十条的规定，A电玩城有权拒绝接收货物，并要求解除合同，也有权要求B公司承担违约责任，赔偿其实际损失。

这个案例给创业者的启示是：作为买受方，创业者在收到货物时要及时验收并保留证据。一旦在验收时察觉标的物存在质量问题，必须在第一时间行使权利并保留好收货单据，单据上必须有明确的货物型号、数量和单价，而且要能证明货物系出卖方交付。这样，如果事后发现标的物存在质量问题，买受方就能有效举证标的物系从出卖方购得。

如果创业者是出卖方，那么则要保留好送货单，及时提醒买受方验收并留下证据，保证对己方不利的因素在解决问题的过程中不会出现。

3.12 出卖人应在约定地点交付

> **案例** 送货上门途中发生货物损坏，责任由谁承担？

某咖啡馆在某品牌空调专卖店购买了一台智能空调。当天付完款后，空调店与咖啡馆签订了购买合同并出具了收据，收据上载明送货上门。不料次日，空调店在搬运空调上楼时，不慎使空调跌落，导致空调受损。

在此种情况下，承担责任的应是空调店还是咖啡馆呢？

哪方来承担责任，是由货物的交付地点来决定的。《民法典》第六百零四条规定："标的物毁损、灭失的风险，在标的物交付之前由出卖人承担，交付之后由买受人承担，但是法律另有规定或者当事人另有约定的除外。"

普遍情况下，买受人验了货、付了款，就意味着取得了商品所有权，商品所有权就归买受人。但是，如果出卖人有"送货上门"这类的承诺，即事先约定了商品交付的地点，则货物送到买受人处才算交付，在送达买受人处之前，商品所有权仍归出卖人。因此，空调在交付途中受损的责任自然应由空调店承担。

在此案例中，双方有约定，空调的交付地点在咖啡馆，因此咖啡馆有权要求空调店承担责任。

同样是这家咖啡馆，在另一家商场购买了一台液晶电视。由于这家商场离咖啡馆不过几公里距离，因此咖啡馆老板张某在当场交钱后，忘记与商场约定送货上门。

3天后，张某没等到电视送来，便去商场询问。一番交涉后，商场提出帮张某送去。岂料，在运输电视时，工人不慎将电视摔坏了。咖啡馆找商场维权，要求商场承担责任，但是商场拒绝了。

在此案例中，咖啡馆与商场并未约定交付地点，咖啡馆当场交付了电视购买费用，在交付货款之后，电视所有权就归咖啡馆了。

那么，在没有约定标的物交付地点的情况下，咖啡馆该如何做才是正确的呢？

《民法典》第五百一十条规定："合同生效后，当事人就质量、价款或者报酬、履行地点等内容没有约定或者约定不明确的，可以协议补充；不能达成补充协议的，按照合同相关条款或者交易习惯确定。"

《民法典》第五百一十一条规定："当事人就有关合同内容约定不明确，依据前条规定仍不能确定的，适用下列规定：

（一）质量要求不明确的，按照强制性国家标准履行；没有强制性国家标准的，按照推荐性国家标准履行；没有推荐性国家标准的，按照行业标准履行；没有国家标准、行业标准的，按照通常标准或者符合合同目的的特定标准履行。

（二）价款或者报酬不明确的，按照订立合同时履行地的市场价格履行；依法应当执行政府定价或者政府指导价的，依照规定履行。

（三）履行地点不明确，给付货币的，在接受货币一方所在地履行；交付不动产的，在不动产所在地履行；其他标的，在履行义务一方所在地履行。

（四）履行期限不明确的，债务人可以随时履行，债权人也可以随时请求履行，但是应当给对方必要的准备时间。

（五）履行方式不明确的，按照有利于实现合同目的的方式履行。

（六）履行费用的负担不明确的，由履行义务一方负担；因债权人原因增加的履行费用，由债权人负担。"

《民法典》第六百零三条规定："出卖人应当按照约定的地点交付标的物。

当事人没有约定交付地点或者约定不明确，依据本法第五百一十条的规定仍不能确定的，适用下列规定：

（一）标的物需要运输的，出卖人应当将标的物交付给第一承运人以运交给买受人；

（二）标的物不需要运输，出卖人和买受人订立合同时知道标的物在某一地点的，出卖人应当在该地点交付标的物；不知道标的物在某一地点的，应当在出卖人订立合同时的营业地交付标的物。"

根据上述规定，在此案例中，咖啡馆如果想让商场承担货物损坏的责任，最佳方法就是在向商场询问时和商场补充签订送货上门的协议。

3.13 买受人应在约定期内检验货物

 买方后期发现质量问题可以再追责吗？

法律规定的"检验期限"指的是在买卖合同中，在出卖方交付货物、买受人收到货物，买受人按约定检查验收货物质量的一段合理时间。

《民法典》第六百二十条规定："买受人收到标的物时应当在约定的检验期限内检验。没有约定检验期限的，应当及时检验。"根据此规定，买受人依法享有在检验期限内验货的权利，而认真、及时验货也是买受人维护自身权益应尽的义务；如果买受人在检验期限内没有及时检验货物或检验出货物有数量或质量问题没有通知卖方，参考《民法典》第六百二十一条规定："当事人约定检验期限的，买受人应当在检验期限内将标的物的数量或者质量不符合约定的情形通知出卖人。买受人怠于通知的，视为标的物的数量或者质量符合约定。

当事人没有约定检验期限的，买受人应当在发现或者应当发现标的物的数量或者质量不符合约定的合理期限内通知出卖人。买受人在合理期限内未通知或者自收到标的物之日起二年内未通知出卖人的，视为标的物的数量或者质量符合约定；但是，对标的物有质量保证期的，适用质量保证期，不适用该二年的规定。

出卖人知道或者应当知道提供的标的物不符合约定的，买受人不受前两款规定的通知时间的限制。"

高先生是一位面点师，自己开了多家西点店。某年年末，高先生通过朋友圈了解到石先生在出售烤箱。经过联系，石先生通过微信向高先生发送了烤箱的生产企业卫生许可证及营业执照，还有烤箱的产品外包装图片，高先生看过后决定购买。双方约定每台烤箱800元，一手付款一手拿货。

第二天，高先生以线上支付的方式向石先生转款8万元。同日，石先生将高先生购买的100台烤箱发货。由于店内的烤箱依然能够正常使用，因此高先生在收货后没有验货，而是将烤箱放进仓库。等到两年后再使用时，他才发现烤箱的包装与石先生在微信上发送的图片中的包装不同，并且部分烤箱存在质量问题。

根据《民法典》第六百二十条规定，高先生在收到烤箱后，负有及时检验数量及质量的义务。若高先生及时检验，应能发现烤箱的瑕疵。但他在收到烤箱后并没有及时检验，而是于两年后才提出上述异议。

《民法典》第六百二十三条规定："当事人对检验期限未作约定，买受人签收的送货单、确认单等载明标的物数量、型号、规格的，推定买受人已经对数量和外观瑕疵进行检验，但是有相关证据足以推翻的除外。"高先生未在合理的检验期限内就烤箱的瑕疵提出异议，应当认定石先生交付的烤箱不存在瑕疵。

这类案例出现多是由于买受人的证据意识差，没有保留相关有效证据的习惯。买受人未能在检验期限内检验出产品问题并通知出卖人，就等同于失去了其他主张质量问题的维权手段。因此，买受人必须做到在检验期限内及时、认真地检验货物，培养自己的证据意识，问题一经发现便要及时向出卖人反馈并要求解决，这样才可以维护自身利益，获得法律保护。

3.14 出卖人交付的标的物应当与样品相同

> **案例** 卖方交付的商品与样品不一致,构成违约吗?

从法律角度来说,当事双方的权利与义务共同指向的对象,被称作标的物。而从商业买卖角度来说,"标的物"一词是商业买卖合同中的专属名词,是指买卖合同中具体的物体或商品。比如,在商品贸易中,标的是商品买卖关系,而标的物是所售卖的产品。

在实际运营过程中,由于各种因素影响,创业者在签订买卖合同后,可能会遇到标的物与样品不一致的情况。此时创业者该如何做?下面结合一个案例来看。

蓝先生创立了一家手机专卖店。2020年5月,其向某手机厂家订购了一款正在预售的智能手机,由于该手机是预售产品,工厂只有样品。

蓝先生就该款手机与此工厂签订了买卖合同,合同规定:蓝先生于某日在××工厂订购××手机星空蓝色500台,内存为8G+256G,总价是250万元,16天以后交货。蓝先生于当日支付50万元定金,并约定尾款在交货时付清。16天以后,工厂按时将手机送到蓝先生手里,但是蓝先生发现,该手机与工厂内的样品并不一致,于是拒绝支付尾款。那么,蓝先生有权拒交尾款吗?

《民法典》第六百三十五条规定:"凭样品买卖的当事人应当封存样品,并可以对样品质量予以说明。出卖人交付的标的物应当与样品及其说明的质量相同。"也就是说,当事人在根据样品进行买卖时,要封存样品,并要对样品的质量进行说明,卖方有义务交付与样品及其说明的质量相同的商品。

在此案例中,蓝先生与工厂在签订合同时,就手机的材质、颜色、款式等做出了约定,因此双方需要按照合同内容履行合同义务。工厂实际交付的手机与样品不符,违反了双方的合同约定。根据《民法典》第五百七十七条规定："当事人一方不履行合同义务或者履行合同义务不符合约定的，应当承担继续履行、采取补救措施或者赔偿损失等违约责任。"工厂的行为已经构成违约，因此蓝先生可以拒收商品，同时要求工厂按合同约定履行责任和义务。

从这个案例我们可以看出，需要凭样品买卖的相关业务，必须确保样品和实际交付的商品具有相同的质量，否则将需要承担继续履行合同、采取补救措施或者赔偿损失等违约责任。

3.15　可以约定标的物的试用期限

 约定了试用期限就是试用买卖合同吗？

在现实生活中，有些创业者经常向顾客做出试用承诺，比如，"购买××商品后，30天试用，不满意就换"。那么，此种类型的试用承诺是否算作试用买卖合同呢？答案是：否。

试用买卖合同是特种买卖合同的一种。它指的是当事双方在合同成立时约定好的，买受人试验、检验出卖人交付的标的物，在合约期限内以认可标的物为生效要件的买卖合同。

由此可知，只要买受人在试用期限届满之前告知出卖人不会购买标的物，双方的买卖合同就无法生效。如果上述类型的买卖合同实际已经生效，买受人享有的只是换货的权利。

试用买卖合同中必须有明确的试用期限。

关于试用期限的确定，可参考《民法典》第六百三十七条、第五百一十条。

《民法典》第六百三十七条规定："试用买卖的当事人可以约定标的物的试用期限。对试用期限没有约定或者约定不明确，依据本法第五百一十条的规定仍不能确定的，由出卖人确定。"

《民法典》第五百一十条规定："合同生效后，当事人就质量、价款或者报酬、履行地点等内容没有约定或者约定不明确的,可以协议补充;不能达成补充协议的,按照合同相关条款或者交易习惯确定。"

除了明确试用期限如何约定以外,创业者还需了解试用买卖的效力、试用买卖的使用费由谁负担等方面内容。下面结合具体案例来看。

A在大学毕业后独自创业,开设了一家数码产品店。该店的主打产品为一款清洁扫地机器人。某天,一位顾客询问A,是否可以试用后再决定是否购买,A说可以试用7天,满意后再付款。双方签订试用合同后,客户便将扫地机器人带回了家。在试用期限内,客户发现此扫地机器人的实际使用效果不佳,便决定不购买该产品,并及时告知A自己不会购买。

A觉得客户等同于无偿使用了产品,非常不划算。于是当客户将产品退回时,A说该产品被客户试用了7天,无法二次销售,拒绝收回产品。

A有权这样做吗?

《民法典》第六百三十八条规定:"试用买卖的买受人在试用期内可以购买标的物,也可以拒绝购买。试用期限届满,买受人对是否购买标的物未作表示的,视为购买。

试用买卖的买受人在试用期内已经支付部分价款或者对标的物实施出卖、出租、设立担保物权等行为的,视为同意购买。"

由此规定可知,买受人在试用期限内是拥有购买选择权的。

而该客户在试用期限内,向A明确表示不会购买,根据《民法典》的相关条款,双方的买卖合同没有发生效力,A不可强制客户购买。

在这个案例中还有一个问题,那就是客户是否需要支付7天的使用费。

《民法典》第六百三十九条规定:"试用买卖的当事人对标的物使用费没有约定或者约定不明确的,出卖人无权请求买受人支付。"

因此,如果买卖双方有明确的相关约定,买受人就要按约定支付使用费;若没有约定或者没有明确约定,买受人就不应当支付使用费。

客户是否需要支付使用费,要看试用买卖合同里是否对此有明确规定。

经过协商后，客户成功将扫地机器人退回。可过了3天，A突然打电话给客户，说产品有损坏，需要赔偿。客户找到律师咨询，律师告诉他要看具体损坏原因。

虽然《民法典》第六百四十条规定"标的物在试用期内毁损、灭失的风险由出卖人承担"，但由于在试用期内，买受人实际控制标的物，若因为买受人的主观原因造成标的物毁损和灭失，买受人就需要承担赔偿责任。

客户听完律师的话，找到A要求其对产品损伤进行鉴定。经鉴定，该扫地机器人的损坏原因非人为，客户并不需要赔偿。

这个案例启示创业者，在开展试用买卖相关业务时，必须在合同里明确约定试用期限及使用费，并主动告知消费者在试用期限届满之前告知不会购买标的物的，合同不生效，以免与消费者产生争议。

3.16　分期付款买卖中的合同解除 <<<

> **案例** 分期支付中受让人延迟或者拒付的，可否解除合同？

这里先看一个案例。

汤某创立了一家公司，主营化妆品销售业务。其向A工厂订购了一批货物，双方签订了资金分期付款协议。协议中约定：汤某分四期将710万元货款付清。

协议签订后，汤某仅按期向A工厂支付了第一期货款，计150万元。到了缴纳第二期货款时，汤某逾期了。因汤某产生了逾期行为，A工厂以汤某违约为由，用公证的方式向汤某送达了关于解除协议的通知，要求解除资金分期付款协议。

汤某在收到通知后向A工厂支付了第二期货款，又按原约定如期支付了第三、四期货款。A工厂以合同已经解除为由，将汤某支付的4笔货款全部退回。

汤某将 A 工厂诉至法院，要求确认 A 工厂发出的解除协议通知无效，并要求 A 工厂继续履行合同。

本案的争议焦点在于，A 工厂是否拥有合同解除权。

《民法典》第六百三十四条规定："分期付款的买受人未支付到期价款的数额达到全部价款的五分之一，经催告后在合理期限内仍未支付到期价款的，出卖人可以请求买受人支付全部价款或者解除合同。

出卖人解除合同的，可以向买受人请求支付该标的物的使用费。"

依据《民法典》第六百三十四条规定，汤某支付的合同价款已经超过全部价款的五分之一。针对汤某的逾期行为，A 工厂首先应要求汤某支付到期价款，而不是解除合同。

《民法典》关于分期付款买卖中出卖人解除合同的限制，对于创业者来说是件好事。刚刚起步的创业公司需要通过分期付款完成交易的情况很常见，只要创业者已支付价款达到全部价款的 1/5，出卖人就不能随意解除合同，创业者也就可以继续使用该物品，不至于影响到公司的正常运营。

3.17　分批交付标的物的合同解除

案例　货物延期交付，买方是否有权解除整个买卖合同？

A 公司与 B 公司签订了买卖合同，双方在合同中约定：B 公司将于某年 3 月、5 月与 7 月的 15 日分三批交清某批货物。该批货物的用途是制作衣服。合同签订后，A 公司向 B 公司支付了 30% 预付款，并约定余下货款在第三批货物交付后 7 天内付清。

后来 B 公司将前两批货物按时交付，但却在 8 月 5 日才将第三批货物交付给 A 公司。A 公司在收货时未提出异议，但却以 B 公司没有按时交付货物给A公司造成损失为由，拒绝支付余下货款并要求解除买卖合同。

B公司将A公司诉至法院，要求A公司支付剩余货款。

本案的争议焦点在于，A公司是否有权解除整个买卖合同。

《民法典》第六百三十三条规定："出卖人分批交付标的物的，出卖人对其中一批标的物不交付或者交付不符合约定，致使该批标的物不能实现合同目的的，买受人可以就该批标的物解除。

出卖人不交付其中一批标的物或者交付不符合约定，致使之后其他各批标的物的交付不能实现合同目的的，买受人可以就该批以及之后其他各批标的物解除。

买受人如果就其中一批标的物解除，该批标的物与其他各批标的物相互依存的，可以就已经交付和未交付的各批标的物解除。"

根据该条规定可知，当分批交付标的物时，若买卖双方产生纠纷，应针对不同情况分别处理。

在上述案例中，B公司一共需要交付三批货物给A公司，其中第一批货物和第二批货物按时交付，第三批货物延期交付。但是，第三批货物延期交付并没有给前两批货物的使用带来影响，因此，A公司仅能就第三批货物提出解除要求，而不能主张解除整个买卖合同。

第 4 章

《劳动法》：
劳动纠纷也会让公司"大出血"

虽然公司的运行和发展离不开员工，但公司与员工产生纠纷也是常见的事情。法律要求创业者依法与员工订立劳动合同并为其提供保障。因此，创业者必须熟知相关的法律规定。本章将结合具体案例为创业者讲解《劳动法》中有关劳动纠纷的相关规定。

4.1　建立劳动关系应当订立劳动合同

> **案例** 未签劳动合同，也可以认定存在劳动关系吗？

劳动合同指的是用人单位和劳动者为确立劳动关系、明确双方权利与义务而依法签订的协议。

试用期指的是在劳动合同期限内，用人单位考核劳动者表现是否合格，劳动者考核用人单位是否符合自己要求的期限。

《劳动法》第十六条规定："劳动合同是劳动者与用人单位确立劳动关系、明确双方权利和义务的协议。建立劳动关系应当订立劳动合同。"

《劳动法》第十七条规定："订立和变更劳动合同，应当遵循平等自愿、协商一致的原则，不得违反法律、行政法规的规定。

劳动合同依法订立即具有法律约束力，当事人必须履行劳动合同规定的义务。"

《劳动法》第十九条规定："劳动合同应当以书面形式订立，并具备以下条款：

（一）劳动合同期限；

（二）工作内容；

（三）劳动保护和劳动条件；

（四）劳动报酬；

（五）劳动纪律；

（六）劳动合同终止的条件；

（七）违反劳动合同的责任。"

依据上述规定，如果劳动者在试用期满后未与用人单位签订劳动合同，但是在该单位继续工作，该单位也照发了工资，那么在这种情况下，是否可以认定双方存在劳动关系呢？下面结合一个劳动关系纠纷案例来看。

某年1月，宋某通过了某电气公司的面试，于该年2月同该公司签订了试用期协议。协议中规定了宋某的试用期为3个月，具体时间是自该年1月起至该年4月止。试用期满后，该公司并未与宋某签订书面劳动合同，但按月给继续在电气公司工作的宋某发放了工资。

该年5月，宋某在该公司的安排下，到某镇检测线路，在工作过程中不慎受伤。此后宋某一直在医院进行治疗和康复训练，直到同年9月康复后，重新回到该公司上班。宋某在回到公司后提出进行工伤认定，被该公司拒绝。该公司声称，其与宋某于该年2月签订试用期协议，协议规定宋某的试用期为3个月。但宋某在试用期中表现不合格，按照协议约定，公司于该年5月对宋某予以辞退。

该年10月，宋某向其所在地区的劳动人事争议仲裁委员会申请劳动仲裁。

仲裁委员会审理后认为：原告宋某提交的证据能够证实其在试用期协议到期后，双方虽没有签订书面劳动合同，但其在电气公司继续工作，电气公司也为其按月支付工资的事实。

《最高人民法院关于审理劳动争议案件适用法律若干问题的解释》第三十四条规定："劳动合同期满后，劳动者仍在原用人单位工作，原用人单位未表示异议的，视为双方同意以原条件继续履行劳动合同。"

劳动和社会保障部《关于确立劳动关系有关事项的通知》第一条规定："用人单位招用劳动者未订立书面劳动合同，但同时具备下列情形的，劳动关系成立：

（一）用人单位和劳动者符合法律、法规规定的主体资格；

（二）用人单位依法制定的各项劳动规章制度适用于劳动者，劳动者受用人单位的劳动管理，从事用人单位安排的有报酬的劳动；

（三）劳动者提供的劳动是用人单位业务的组成部分。"

因此，仲裁委员会支持了宋某的仲裁请求。

在实际生活中，部分公司在用工时不遵守相关法律，未与劳动者签订劳动合同，要承担相应的法律责任。另外，如果未签订劳动合同，一旦劳动者受了工伤或者遭到辞退，就会因无法证明其和用人单位的劳动关系，而十分被动。

那么，除了签订劳动合同外，有没有其他形式能证明双方存在劳动关系？

根据劳动和社会保障部颁布的《关于确立劳动关系有关事项的通知》相关规定，除了劳动合同外，以下材料亦能证明双方存在劳动关系，如图 4-1 所示。

1. 能够证明劳动者职务职位身份的证件，如工作证、工装等。

2. 公司为劳动者缴纳各项社会保险费的记录。

3. 公司其他劳动者、同事的证言。

4. 载有劳动者名字的公司的各种文件，但必须有公司的公章才有证明效力。

5. 劳动者填写的用人单位招聘登记表、报名表等招聘记录。

图 4-1　能证明劳动关系的材料

此外，如果劳动者与公司出现劳动纠纷，纠纷过程中的录音、照片等资料也能够证明劳动者在用人单位提供过劳动，据此可以认定，双方存在实际劳动关系。

4.2　两种劳动合同无效 <<<

案例 劳动者伪造入职材料构成欺诈的劳动合同无效

无效劳动合同指的是当事双方签订的，不能被承认具有法律效力的劳动合同。

有这样一个案例：某公司于某年2月参加了一场人才交流大会，在会上公开招聘机械工程师。该公司的岗位要求为本科及以上学历，机械类专业。曹某于当日填写了该公司的招聘登记表，其最高学历填写为大专，所学专业填写为机械设计与制造，该招聘登记表最后被上交给该公司并被存档。后曹某面试通过，到该公司上班，试用期满后，双方于同年6月签订了劳动合同，曹某在该公司任工程师一职。

后公司发现曹某提供的学历证书等资料系伪造，因此向法院提起本案诉讼，要求法院依法确认双方于某年6月签订的劳动合同无效，并且本案诉讼费用由被告承担。

法院审理后认为：一方以欺诈手段，使对方在违背真实意思的情况下订立劳动合同的，劳动合同无效。法院判决确认该公司与曹某于某年6月签订的劳动合同无效。

《劳动法》第十六条规定："劳动合同是劳动者与用人单位确立劳动关系、明确双方权利和义务的协议。建立劳动关系应当订立劳动合同。"劳动合同是当事双方依法维权的有效凭据。签署无效劳动合同会对劳动者的利益造成损害。无效劳动合同从签订之日起就没有法律效力。按无效程度来划分，无效劳动合同分为全部无效和部分无效。

1. 全部无效的劳动合同

《劳动法》第十八条规定："下列劳动合同无效：

（一）违反法律、行政法规的劳动合同。

（二）采取欺诈、威胁等手段订立的劳动合同。

无效的劳动合同，从订立的时候起，就没有法律约束力。确认劳动合同部分无效的，如果不影响其余部分的效力，其余部分仍然有效。

劳动合同的无效，由劳动争议仲裁委员会或者人民法院确认。"

2. 部分无效的劳动合同

部分无效的劳动合同指的是部分条款无效的合同。《劳动法》第十八条规定："确认劳动合同部分无效的，如果不影响其余部分的效力，其余部分仍然有效。"

4.3 劳动合同的解除形式

> **案例** 口头解除劳动合同有效吗？

《劳动法》第二十四条规定："经劳动合同当事人协商一致，劳动合同可以解除。"

《劳动法》第二十五条规定："劳动者有下列情形之一的，用人单位可以解除劳动合同：

（一）在试用期间被证明不符合录用条件的；

（二）严重违反劳动纪律或者用人单位规章制度的；

（三）严重失职，营私舞弊，对用人单位利益造成重大损害的；

（四）被依法追究刑事责任的。"

《劳动法》第二十六条规定："有下列情形之一的，用人单位可以解除劳动合同，但是应当提前三十日以书面形式通知劳动者本人：

（一）劳动者患病或者非因工负伤，医疗期满后，不能从事原工作也不能从事由用人单位另行安排的工作的；

（二）劳动者不能胜任工作，经过培训或者调整工作岗位，仍不能胜任工作的；

（三）劳动合同订立时所依据的客观情况发生重大变化，致使原劳动合同无法履行，经当事人协商不能就变更劳动合同达成协议的。"

《劳动法》第三十一条规定："劳动者解除劳动合同，应当提前三十日以书面形式通知用人单位。"

根据这些规定可以归纳出，劳动合同共有三种解除方式：一是双方协商一致后解除；二是用人单位提前30天以书面形式（而非口头形式）通知劳动者后解除；三是符合《劳动法》第二十五条、第二十六条法定情形的可以解除。

但是，在实际运营公司时，常常会出现因为口头解除劳动合同而产生劳动纠纷的情况。那么，口头解除劳动合同是否有效呢？下面将结合具体案例，分两种情况进行讨论。

第一种情况是解除事实未被确认。

老梁与上级领导发生矛盾，后被部门经理告知公司与其解除了劳动合同，已将其社会保险关系转出。老梁不满公司的处理方式，将公司诉至劳动仲裁委员会，称公司违法解除劳动合同，要求公司支付赔偿金。公司称部门经理无权辞退员工，员工的辞职、辞退等手续由人事部负责，老梁随时可以回来上班。

老梁指出，虽然公司否认与其解除了劳动合同，可实际上已将其社会保险关系转出，自己事实上已被辞退。老梁出示的相关资料也表明其社会保险关系已被转出。

仲裁委员会支持了老梁的主张，经调解后，该公司向老梁支付了违法解除劳动合同的赔偿金。

在这种口头解除劳动合同的事实成立的情况下，劳动者或用人单位必须出示足够的证据，口头解除劳动合同才生效。

第二种情况是解除事实已经成立。

小庆因为冲撞上级，被上级口头通知解除劳动合同。公司当日结算了小庆的工资，次日起就不让其再来上班。小庆就此事向劳动仲裁委员会申请仲裁，要求公司支付赔偿金。公司辩称是小庆主动口头提出辞职，但公司未能提供证据予以证明。

仲裁委员会审理后认为，该公司对其单方解除劳动合同的事实予以否认，但未能提供证明其合法解除劳动合同的相关证据。

《最高人民法院关于审理劳动争议案件适用法律若干问题的解释》第四十四条规定："因用人单位作出的开除、除名、辞退、解除劳动合同、减少劳动报酬、计算劳动者工作年限等决定而发生的劳动争议，用人单位负举证责任。"由此规定可知，用人单位要求解除劳动合同，应由用人单位负责举证。该公司举证不能，故应当向小庆支付违法解除劳动合同的赔偿金。

4.4 试用期最长不得超过六个月

 员工试用期被公司延长,违法吗?

试用期指的是在劳动合同期限内,用人单位考核劳动者表现是否合格,劳动者考核用人单位是否符合自己要求的期限。

用人单位和劳动者常会因为试用期问题而产生纠纷。比如,部分用人单位在劳动者试用期满后,以劳动者业绩未达标为由,单方面延长劳动者的试用期。那么,用人单位此举是否合法?下面结合具体案例来看。

小杨大学毕业后在一家销售公司实习。实习满半年后,当小杨认为可以转正时,却被公司告知,由于其销售业绩考核没有达标,试用期将被延长2个月。得知此消息后,小杨伤心又愤怒。他认为,公司在试用期内对其工作结果不予点评,在自己临近转正时却说自己业绩不达标,还要将试用期延长2个月的做法不合法。

针对此情况,小杨找到了律师,向律师咨询公司的行为是否合法。律师听完了他的情况,告诉小杨,《劳动法》第二十一条规定:"劳动合同可以约定试用期。试用期最长不得超过六个月。"因此,小杨所在公司的行为是违法的。

律师还告诉小杨,试用期是一个双向选择的过程。《劳动法》第三十一条规定:"劳动者解除劳动合同,应当提前三十日以书面形式通知用人单位。"

《劳动法》第三十二条规定:"有下列情形之一的,劳动者可以随时通知用人单位解除劳动合同:

(一)在试用期内的;

(二)用人单位以暴力、威胁或者非法限制人身自由的手段强迫劳动的;

（三）用人单位未按照劳动合同约定支付劳动报酬或者提供劳动条件的。"

《劳动法》第二十五条规定："劳动者有下列情形之一的，用人单位可以解除劳动合同：

（一）在试用期间被证明不符合录用条件的；

（二）严重违反劳动纪律或者用人单位规章制度的；

（三）严重失职，营私舞弊，对用人单位利益造成重大损害的；

（四）被依法追究刑事责任的。"

《劳动法》第二十六条规定："有下列情形之一的，用人单位可以解除劳动合同，但是应当提前三十日以书面形式通知劳动者本人：

（一）劳动者患病或者非因工负伤，医疗期满后，不能从事原工作也不能从事由用人单位另行安排的工作的；

（二）劳动者不能胜任工作，经过培训或者调整工作岗位，仍不能胜任工作的；

（三）劳动合同订立时所依据的客观情况发生重大变化，致使原劳动合同无法履行，经当事人协商不能就变更劳动合同达成协议的。"

根据上述四条规定，若公司的实际工作情况与小杨的预期出入过大，小杨有权在试用期内主动离开公司。

此外，对于部分公司来说，有限的试用期不足以了解员工是否胜任某岗位，若想达到在试用期内考察员工的目的，公司可以采用以下方法进行调整和完善，在合法的基础上满足考察需求。

1. 加强试用期管理

试用期考核虽重要，但试用期的管理也不能忽视。公司可以在考核期间为员工设立清晰的目标，规定明确的工作任务，以便及时了解员工的工作结果和工作态度。在这个过程中，公司要注意判断员工的行为，为员工去留提供真实有效的参考依据。

2. 变更劳动合同

若员工在试用期工作态度良好，但因为试用时间不够，业绩不达标，公司可以尝试与员工沟通，采用变更劳动合同的方式调整员工试用期满的时间，以此延长试用期。

4.5 劳动合同可约定保守商业秘密

> **案例** 违背保密协议，设计师赔偿10万元

竞业限制指的是用人单位和负有保守用人单位商业秘密责任的劳动者在劳动合同中或保密协议等文件中约定的竞业限制条款。

根据《劳动合同法》，用人单位与劳动者可以在劳动合同中约定：当事双方在终止或解除劳动合同后的一段时间内，劳动者不得在与原单位有竞争关系的单位任职，也不得自己与原单位产生经营关系。比如，经营与原单位同类的业务等。该条款是延迟生效条款，只有劳动合同的其他法律条款失去约束力时，该条款才开始生效。竞业限制时间由双方约定，但不得超过2年。

《最高人民法院关于审理劳动争议案件适用法律若干问题的解释（四）》对于竞业限制有如下规定：

第六条规定："当事人在劳动合同或者保密协议中约定了竞业限制，但未约定解除或者终止劳动合同后给予劳动者经济补偿，劳动者履行了竞业限制义务，要求用人单位按照劳动者在劳动合同解除或者终止前十二个月平均工资的30%按月支付经济补偿的，人民法院应予支持。

前款规定的月平均工资的30%低于劳动合同履行地最低工资标准的，按照劳动合同履行地最低工资标准支付。"

第七条规定："当事人在劳动合同或者保密协议中约定了竞业限制和经济补偿，当事人解除劳动合同时，除另有约定外，用人单位要求劳动者履行竞业限制义务，或者劳动者履行了竞业限制义务后要求用人单位支付经济补偿的，人民法院应予支持。"

第九条规定："在竞业限制期限内，用人单位请求解除竞业限制协议时，人民法院应予支持。

在解除竞业限制协议时，劳动者请求用人单位额外支付劳动者三个月的竞业限制经济补偿的，人民法院应予支持。"

第十条规定:"劳动者违反竞业限制约定,向用人单位支付违约金后,用人单位要求劳动者按照约定继续履行竞业限制义务的,人民法院应予支持。"

当今社会,企业极其重视客户资源、研发技术等商业机密,故而为预防员工离职后泄密,使企业遭受损失,很多企业都和员工签订了竞业限制协议。与此同时,由竞业限制协议引发的纠纷也逐渐增多,下面结合一个具体案例来看。

海某是一家婚纱设计公司的高级设计师。3年前入职时,海某和该婚纱设计公司签订了劳动合同,合同中明确规定了产品设计图样为该公司的商业机密,海某不得对外泄露设计图样。然而,海某在离职后到其他服装设计公司应聘时,将原公司未上市的婚纱设计图样作为应聘材料投递给了新公司。这两家婚纱设计公司是竞争对手关系。

原设计公司在获悉这一情况后,将海某诉至法庭,要求海某履行违约责任并赔偿其损失。

法院审理后认为:海某提交给新公司的简历中含有原公司的设计图样,而且海某与原公司签订的劳动合同中有竞业限制条款,海某此举侵犯了原公司的商业机密,违反了劳动合同。

最终,经法院调解,海某与新公司协商撤回了简历,并赔偿了原公司10万元的损失。

《劳动法》第一百零二条规定:"劳动者违反本法规定的条件解除劳动合同或者违反劳动合同中约定的保密事项,对用人单位造成经济损失的,应当依法承担赔偿责任。"

当员工掌握了公司的商业机密后,如果不对其进行合理限制,一旦员工离职,将可能给公司带来重大损失。针对这一情况,创业者必须在与员工签订劳动合同时做好相关约定。

4.6 七种情形用人单位可以解除劳动合同

> **案例** 员工做兼职，用人单位可以解除劳动合同吗？

当用人单位与劳动者签订了劳动合同后，双方的权益就会受到法律保护，双方都不能随意解除劳动合同。

那么，什么情况下用人单位可以提出解除劳动合同呢？下面我们来看一个具体案例。

杨某在某美发公司任职技术顾问。其在入职时，与该公司签订了劳动合同，合同规定：除非法律允许、公司另有规定或公司事先书面同意，否则在合同期内，杨某不得在其他单位从事兼职活动。

然而在合同期内，杨某利用周末时间通过网络宣传方式招揽客户，利用该公司的品牌影响力为第三方提供有偿服务，其行为属于兼职行为。杨某的兼职行为违反了合同约定。后该公司以杨某在外从事兼职，违反劳动合同为由，解除了双方的劳动关系。

在这个案例中，该公司的做法是否正确呢？

《劳动法》第二十五条规定："劳动者有下列情形之一的，用人单位可以解除劳动合同：

（一）在试用期间被证明不符合录用条件的；

（二）严重违反劳动纪律或者用人单位规章制度的；

（三）严重失职，营私舞弊，对用人单位利益造成重大损害的；

（四）被依法追究刑事责任的。"

根据此条规定可知，劳动者做兼职，用人单位不一定享有劳动合同解除权。用人单位是否可以以员工兼职为由解除劳动合同，还要看双方的具体约定。

除了上述四种情况外，依据如下法律，在三种情况下，用人单位可以解除劳动合同。

《劳动法》第二十六条规定:"有下列情形之一的,用人单位可以解除劳动合同,但是应当提前三十日以书面形式通知劳动者本人:

(一)劳动者患病或者非因工负伤,医疗期满后,不能从事原工作也不能从事由用人单位另行安排的工作的;

(二)劳动者不能胜任工作,经过培训或者调整工作岗位,仍不能胜任工作的;

(三)劳动合同订立时所依据的客观情况发生重大变化,致使原劳动合同无法履行,经当事人协商不能就变更劳动合同达成协议的。"

此外,《劳动法》第二十八条规定:"用人单位依据本法第二十四条、第二十六条、第二十七条的规定解除劳动合同的,应当依照国家有关规定给予经济补偿。"

《劳动合同法》第四十七条规定:"经济补偿按劳动者在本单位工作的年限,每满一年支付一个月工资的标准向劳动者支付。六个月以上不满一年的,按一年计算;不满六个月的,向劳动者支付半个月工资的经济补偿。

劳动者月工资高于用人单位所在直辖市、设区的市级人民政府公布的本地区上年度职工月平均工资三倍的,向其支付经济补偿的标准按职工月平均工资三倍的数额支付,向其支付经济补偿的年限最高不超过十二年。

本条所称月工资是指劳动者在劳动合同解除或者终止前十二个月的平均工资。"

4.7 用人单位濒临破产,可以裁员 <<<

 公司因经营困难裁员,有权要求员工当天离职吗?

裁员指的是用人单位依法在特定期间批量辞退员工的行为。

很多企业在裁员时,为了节约成本,会使用各种手段鼓动员工主动离职,甚至有的还会要求员工当天离职,这些行为是否合法呢?下面结合一个具体案例来看。

卫某自大学毕业后就来到一家外贸公司工作,在该公司勤勤恳恳工作了2年。某一天,卫某刚到公司,就被人力资源部门叫去谈话。人力资源部门声称,因为公司资金方面有困难,不得不裁员,希望卫某在谈话结束后去办理离职手续。公司可以向当天办理完离职手续的员工发放2个月的工资作为补偿。

毫无征兆地被工作了2年多的公司裁员,卫某内心非常不平衡。

从卫某和人力资源部门的谈话中,我们可以得到以下信息:
(1)企业裁员是因为其资金方面出现了问题,与卫某个人工作表现无关;
(2)企业要求卫某当天办完离职手续,才能拿到离职补偿;
(3)不管员工工作多久,都只给2个月的工资补偿。

《劳动法》第二十七条规定:"用人单位濒临破产进行法定整顿期间或者生产经营状况发生严重困难,确需裁减人员的,应当提前三十日向工会或者全体职工说明情况,听取工会或者职工的意见,经向劳动行政部门报告后,可以裁减人员。

用人单位依据本条规定裁减人员,在六个月内录用人员的,应当优先录用被裁减的人员。"

《劳动法》第二十八条规定:"用人单位依据本法第二十四条、第二十六条、第二十七条的规定解除劳动合同的,应当依照国家有关规定给予经济补偿。"

根据上述两条规定可知,不管企业出于什么原因裁员,都需要提前30天通知员工。卫某的公司没有事前通知卫某,而是在当天约谈时直接要求卫某离开。而且该公司是因为经济问题进行裁员的,向员工发放补偿是其义务,该公司却声称员工必须当天离职才能拿到补偿,这也是不合法的。

由此可见,企业无权要求员工在裁员当天离职。

在两种情况下,企业可以进行人员裁减:一是濒临破产,进入法定整顿期；二是生产、经营活动无法继续，符合当地政府规定的严重困难企业标准。企业虽有权裁员，但在裁减人员时，必须严格依照法律，遵守有关规章规定的程序。

4.8 四种情形用人单位不得解除劳动合同

案例 用人单位辞退孕期女员工，属违法解除劳动合同

祝某于某年3月跳槽到了某经济型酒店当一线员工。工作试用期为3个月，3个月后祝某顺利通过考核，与该酒店签订了劳动合同。在年底单位组织体检时，祝某被检查出怀有身孕。随后，该酒店以祝某无法胜任工作岗位为由，解除与祝某的劳动关系。

那么，这家酒店的做法正确吗？《劳动法》第二十五条规定："劳动者有下列情形之一的，用人单位可以解除劳动合同：

（一）在试用期间被证明不符合录用条件的；

（二）严重违反劳动纪律或者用人单位规章制度的；

（三）严重失职，营私舞弊，对用人单位利益造成重大损害的；

（四）被依法追究刑事责任的。"

根据此条规定，用人单位必须具备法定的正当理由才能与员工解除劳动合同。而《劳动法》第二十九条规定："劳动者有下列情形之一的，用人单位不得依据本法第二十六条、第二十七条的规定解除劳动合同：

（一）患职业病或者因工负伤并被确认丧失或者部分丧失劳动能力的；

（二）患病或者负伤，在规定的医疗期内的；

（三）女职工在孕期、产期、哺乳期内的；

（四）法律、行政法规规定的其他情形。"

由此规定可知，用人单位不可与孕期的女职工解除劳动合同。

此外，在此案例中，该酒店虽称祝某怀孕不能胜任一线工作，但根据《劳动法》第二十六条规定："有下列情形之一的，用人单位可以解除劳动合同，但是应当提前三十日以书面形式通知劳动者本人：

（一）劳动者患病或者非因工负伤，医疗期满后，不能从事原工作也不能从事由用人单位另行安排的工作的；

（二）劳动者不能胜任工作，经过培训或者调整工作岗位，仍不能胜任工作的；

（三）劳动合同订立时所依据的客观情况发生重大变化，致使原劳动合同无法履行，经当事人协商不能就变更劳动合同达成协议的。"

由此可知，即使祝某因怀孕无法胜任一线工作，该酒店也应为其调整工作岗位，而不是解除双方劳动关系。因此，该酒店的做法是错误的。

根据《劳动法》第三十条的规定："用人单位解除劳动合同，工会认为不适当的，有权提出意见。如果用人单位违反法律、法规或者劳动合同，工会有权要求重新处理；劳动者申请仲裁或者提起诉讼的，工会应当依法给予支持和帮助。"因此，祝某可以选择去劳动仲裁机构申请维权，对仲裁裁决不服的可以向法院起诉，要求赔偿。

4.9 用人单位解除劳动合同须给予员工补偿

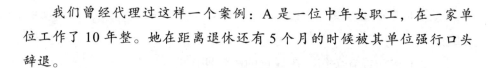

案例 辞退临退休员工，公司支付 8 万元离职赔偿金

我们曾经代理过这样一个案例：A 是一位中年女职工，在一家单位工作了 10 年整。她在距离退休还有 5 个月的时候被其单位强行口头辞退。

《劳动法》第二十六条规定："有下列情形之一的，用人单位可以解除劳动合同，但是应当提前三十日以书面形式通知劳动者本人：

（一）劳动者患病或者非因工负伤，医疗期满后，不能从事原工作也不能从事由用人单位另行安排的工作的；

（二）劳动者不能胜任工作，经过培训或者调整工作岗位，仍不能胜任工作的；

（三）劳动合同订立时所依据的客观情况发生重大变化，致使原劳动合同无法履行，经当事人协商不能就变更劳动合同达成协议的。"

据此规定可知，用人单位在辞退劳动者时，必须提前30天向劳动者出具辞退通知书，如表4-1所示。

表4-1　辞退通知书模板

辞退通知书

____，我公司与你于____年____月____日签订了劳动合同，双方建立了劳动关系。但在劳动合同履行过程中，公司发现你不能胜任本职工作，决定将你辞退，终止与你的劳动关系。

请你接到本辞退通知后，到公司相关部门办理离职手续，本公司将依照《劳动法》的规定，给予你经济补偿金及相应保险费补偿。同时，接到本辞退通知后，你不得以公司名义再开展任何业务活动，否则造成的一切后果由你本人承担。

此致

____有限公司

____年____月____日

但A所在单位在辞退A时，并未出具书面通知书，只将A口头辞退。此行为属于违法辞退的一种。

《劳动合同法》第四十七条规定："经济补偿按劳动者在本单位工作的年限，每满一年支付一个月工资的标准向劳动者支付。六个月以上不满一年的，按一年计算；不满六个月的，向劳动者支付半个月工资的经济补偿。

劳动者月工资高于用人单位所在直辖市、设区的市级人民政府公布的本地区上年度职工月平均工资三倍的，向其支付经济补偿的标准按职工月平均工资三倍的数额支付，向其支付经济补偿的年限最高不超过十二年。

本条所称月工资是指劳动者在劳动合同解除或者终止前十二个月的平均工资。"

《劳动合同法》第四十八条规定："用人单位违反本法规定解除或者终止劳动合同，劳动者要求继续履行劳动合同的，用人单位应当继续履行；劳动者不要求继续履行劳动合同或者劳动合同已经不能继续履行的，用人单位应当依照本法第八十七条规定支付赔偿金。"

《劳动合同法》第八十七条规定："用人单位违反本法规定解除或者终止劳动合同的，应当依照本法第四十七条规定的经济补偿标准的二倍向劳动者支付赔偿金。"

因此，此单位必须依照上述规定支付 A 双倍经济补偿金。A 被辞退前月平均工资为4000元，其获得的赔偿金额为4000×10×2=80000（元）。

4.10　三种情形劳动者可随时解除劳动合同 <<<

> **案例** 试用期内员工可随时辞职吗？

前文提到，试用期是用人单位和劳动者双向选择的过程。劳动者在试用期内，因为各种原因无法继续工作而向公司提出辞职是一种常见情况。面对这种情况，部分用人单位会要求辞职员工缴纳违约金，如果员工在试用期间参加过用人单位的培训，部分用人单位还可能主张员工赔偿培训费用。这些用人单位的做法是否合法？下面我们来看一个具体案例。

唐某是一家销售公司的老板。该公司聘用了宋某当销售店长，双方签了3年的劳动合同，合同中约定试用期为3个月。

试用的第一个月宋某工作勤奋，但绩效平平。于是唐某派公司的金牌销售为宋某提供培训。宋某接受培训后，觉得无法胜任该岗位，于是向公司提出离职。公司同意了宋某的离职请求，但需要宋某支付违约金2000元，双方就此发生了争执。

这个案例中最大的争议在于，员工在试用期内辞职，是否需要缴纳违约金。

《劳动法》第三十二条规定："有下列情形之一的，劳动者可以随时通知用人单位解除劳动合同：

（一）在试用期内的；

（二）用人单位以暴力、威胁或者非法限制人身自由的手段强迫劳动的；

（三）用人单位未按照劳动合同约定支付劳动报酬或者提供劳动条件的。"

据此可知，劳动者在试用期内可以随时提出辞职，单方面通知用人单位解除劳动合同，无须征得用人单位同意。用人单位不能以合同约定为理由，要求劳动者支付违约金。

4.11 三种情形用人单位需超额支付工资报酬 <<<

案例 员工自愿超时加班，算不算违法？

加班是职场中常见的现象。员工加班的行为有主动也有被动，有时候是因为公司要求而被动加班，有时候则是员工为了绩效而自愿加班。部分企业认为员工出于自愿而加班的行为并不违法，但这种想法是错误的，因为这违反了《劳动法》的相关规定。下面结合相关案例和具体规定来看一下。

某蛋糕工厂和知名主播进行了合作，该主播带货能力强，因此工厂的蛋糕销量大增。由于货物需求量过大，该工厂遂向全体员工发出加班通知，告知员工想加班可以主动报名，工厂会支付加班费。

员工在加班费的吸引下纷纷报名，公司遂与员工签订协议，约定后续3个月员工每天工作12小时，工厂按约定支付其4个小时的加班费。但长期的、高强度的工作导致很多员工的身体出现问题，42岁的王某因过度疲劳，在工作时不慎受伤。

后劳动监察部门介入，对该工厂做出了处理。工厂对此处理表示异议，认为加班行为系职工自愿，工厂支付了加班费，不应受到处罚。

在这个案例中，该工厂的观点和做法都是错误的。

我国《劳动法》第三十六条规定："国家实行劳动者每日工作时间不超过八小时、平均每周工作时间不超过四十四小时的工时制度。"

《劳动法》第四十一条规定："用人单位由于生产经营需要，经与工会和劳动者协商后可以延长工作时间，一般每日不得超过一小时；因特殊原因需要延长工作时间的，在保障劳动者身体健康的条件下延长工作时间每日不得超过三小时，但是每月不得超过三十六小时。"

该工厂在延长加班时间后，每日工作时间为12小时，违反了《劳动法》第四十一条的规定。

《劳动法》第九十条规定："用人单位违反本法规定，延长劳动者工作时间的，由劳动行政部门给予警告，责令改正，并可以处以罚款。"

由此可知，劳动监察部门对其进行处理是合法的。

该工厂之所以会犯这种错误，原因在于不了解相关法律。这给创业者的启示是：创业者应熟悉《劳动法》和《劳动合同法》，杜绝一切违反法律的行为。创业者在实际运营公司时，切忌主观看待问题，不要以为只要员工签字，双方有约定就等同于合法。

此外，创业者还要熟知以下常见的法律规定。

《劳动法》第三十八条规定："用人单位应当保证劳动者每周至少休息一日。"

《劳动法》第三十九条规定："企业因生产特点不能实行本法第

三十六条、第三十八条规定的，经劳动行政部门批准，可以实行其他工作和休息办法。"

《劳动法》第四十三条规定："用人单位不得违反本法规定延长劳动者的工作时间。"

若延长了劳动者的工作时间，依据《劳动法》第四十四条之规定，用人单位应在三种情形下按照下列标准支付高于劳动者正常工作时间工资的工资报酬，如图4-2所示。

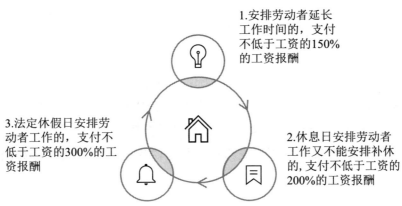

图 4-2　用人单位向劳动者支付高于标准的工资报酬的情形

4.12　劳动者每日工作不超过 8 小时

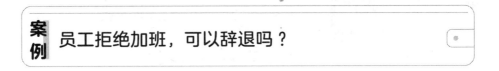

案例：员工拒绝加班，可以辞退吗？

如果公司无故要求加班，员工有权拒绝。那么，在公司提出加班要求后，员工选择拒绝，公司有权以员工旷工为由辞退员工吗？下面结合一个具体案例来看。

楚某是一家线上教育公司的教师，平时除了教课外，楚某还需要负责联系家长，跟家长沟通续报事宜。尤其是到了每年的续报期，加班加点更是常态。在续报期内，本应6点下班的该公司员工常要在9点以后才能回家，次日清晨又要起床上班。

楚某作为加班大军中的一员，常感觉头晕眼花、身体乏力。8月某日，在主管又一次通知楚某加班时，楚某以身体不适，无法继续工作为由拒绝了公司的加班要求。次日，楚某去上班时接到了人事部通知，通知上说因楚某无故旷工，公司工作进度受到严重影响，遂对楚某做出开除决定。楚某对公司此举表示抗议并向公司申请赔偿，遭到了公司拒绝。

上述案例中，因楚某拒绝加班，公司便将其辞退，这种行为合法吗？

我国《劳动法》第四十一条规定："用人单位由于生产经营需要，经与工会和劳动者协商后可以延长工作时间，一般每日不得超过一小时；因特殊原因需要延长工作时间的，在保障劳动者身体健康的条件下延长工作时间每日不得超过三小时，但是每月不得超过三十六小时。"

由此可以推断出，公司安排员工加班，应满足三个条件，如图4-3所示。

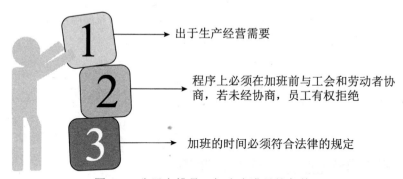

图4-3　公司安排员工加班应满足的条件

用人单位向员工提出加班要求时，必须同时满足上述条件，如其中一个条件不满足，员工就有权拒绝加班。

《劳动法》第九十条规定："用人单位违反本法规定，延长劳动者工作时间的，由劳动行政部门给予警告，责令改正，并可以处以罚款。"

上述案例中的公司在加班时并未与楚某协商，因此楚某有权拒绝加班。公司并不能因为这一点而开除楚某。

根据此规定,该公司将有可能受到行政处罚。

4.13 工资不得低于当地最低工资标准

案例 工资低于最低工资标准,员工获赔 2.3 万余元

最低工资标准指的是在法定工作时间内,劳动者为用人单位提供了正常劳动的前提下,用人单位依法支付的最低劳动报酬。

《劳动法》第四十八条规定:"国家实行最低工资保障制度。最低工资的具体标准由省、自治区、直辖市人民政府规定,报国务院备案。

用人单位支付劳动者的工资不得低于当地最低工资标准。"

最低工资制度指的是国家以法律形式对工资分配进行干预,以此为低收入劳动者提供基本生活保障的制度。《劳动法》第四十九条规定:"确定和调整最低工资标准应当综合参考下列因素:

(一)劳动者本人及平均赡养人口的最低生活费用;

(二)社会平均工资水平;

(三)劳动生产率;

(四)就业状况;

(五)地区之间经济发展水平的差异。"

但是在现实生活中,仍有很多企业在制定工资标准时不遵从相关法律规定,这样做有什么后果呢?下面结合一个案例来看。

高某在某公司任职保安。工作 3 年后,由于不满意每月工资低于本地最低工资标准,高某向公司索赔。公司拒绝了高某的要求,高某遂向当地劳动仲裁委员会申请仲裁。劳动仲裁委员会审核后做出裁决:该公司应支付高某工作 3 年内的工资差额和经济补偿金,共计 1.3 万余元。

双方均对裁决表示异议,高某遂将该公司诉至法院。

法院审理后认为：根据《劳动法》第四十八条规定，该公司支付劳动者的工资不应低于当地最低工资。经和所在地最低工资标准对比计算，高某工作3年间，公司少给高某支付了1.8万余元工资，故法院判决该公司向高某支付该部分工资，并支付25%的经济补偿金。

最终，该公司向高某支付了工资及补偿金共计2.3万余元。

上述案例给创业者的启示是：必须根据相关法律法规和公司实际情况来制定员工工资标准。此外，创业者必须清楚关于克扣、拖欠员工工资的相关法律。

《劳动合同法》第八十五条规定："用人单位有下列情形之一的，由劳动行政部门责令限期支付劳动报酬、加班费或者经济补偿；劳动报酬低于当地最低工资标准的，应当支付其差额部分；逾期不支付的，责令用人单位按应付金额百分之五十以上百分之一百以下的标准向劳动者加付赔偿金：

（一）未按照劳动合同的约定或者国家规定及时足额支付劳动者劳动报酬的；

（二）低于当地最低工资标准支付劳动者工资的；

（三）安排加班不支付加班费的；

（四）解除或者终止劳动合同，未依照本法规定向劳动者支付经济补偿的。"

《劳动法》第九十一条规定："用人单位有下列侵害劳动者合法权益情形之一的，由劳动行政部门责令支付劳动者的工资报酬、经济补偿，并可以责令支付赔偿金：

（一）克扣或者无故拖欠劳动者工资的；

（二）拒不支付劳动者延长工作时间工资报酬的；

（三）低于当地最低工资标准支付劳动者工资的；

（四）解除劳动合同后，未依照本法规定给予劳动者经济补偿的。"

4.14 用人单位必须依法保障员工权利 <<<

 送完货返回公司途中出车祸属于工伤

先看一个案例。

王某是某公司的货运司机，固定负责某区域的药品运输工作。有一次，王某驾驶该公司的箱式货车送完药品后，在返回途中发生事故，致眼部受伤。但该公司以王某运完货已经是下班时间为由，拒不认定其为工伤。王某无奈之下将公司告到了法院。

本案的争议焦点是王某的伤是否属于工伤，用人单位是否需要对其进行赔偿。

《工伤保险条例》第十四条规定："职工有下列情形之一的，应当认定为工伤：

（一）在工作时间和工作场所内，因工作原因受到事故伤害的；

（二）工作时间前后在工作场所内，从事与工作有关的预备性或者收尾性工作受到事故伤害的；

（三）在工作时间和工作场所内，因履行工作职责受到暴力等意外伤害的；

（四）患职业病的；

（五）因工外出期间，由于工作原因受到伤害或者发生事故下落不明的；

（六）在上下班途中，受到非本人主要责任的交通事故或者城市轨道交通、客运轮渡、火车事故伤害的；

（七）法律、行政法规规定应当认定为工伤的其他情形。"

法院经审理后认为，王某所受伤害应当认定为工伤，理由如下：王某系被告的药品送货司机，工作职责为驾驶车辆及送达货物，其工作场所会随工作的实际变化而发生改变。王某负责某区域的药品运送工作，事发当日王某驾驶单位车辆在送完药返程途中发生事故，应属于工作期间受到伤害。该公司称王某是在工作结束下班的途中发生的事故，并未提供证据予以证明，法院不予采纳。

根据《工伤保险条例》第十四条第一款第一项的规定，职工有下列情形之一的，应当认定为工伤："（一）在工作时间和工作场所内，因工作原因受到事故伤害的。"因此王某所受伤害应当认定为工伤。具体理由有两个。

（1）王某系该公司的药品送货司机，其工作内容为驾驶车辆及送达货物，故而其工作场所依据工作的实际变化而改变。王某固定负责某片区的药品运送工作，出事当日，其驾驶单位车辆在返程途中发生车祸，应属于工作期间受到伤害。

（2）王某使用的是公司的车，但该公司未指定停车地点并允许王某将车辆开回其居住地。王某的住处与其工作地点存在一定的距离，故而必然产生往返途中的客观情况。因此王某将车辆开回居住地前的时间仍算作工作时间。虽然该公司称其与王某约定的是不定时工作制，但此约定并不影响王某在工作期间受伤的认定。

综上，王某的伤属于工伤。

《工伤保险条例》第三十三条规定："职工因工作遭受事故伤害或者患职业病需要暂停工作接受工伤医疗的，在停工留薪期内，原工资福利待遇不变，由所在单位按月支付。

停工留薪期一般不超过12个月。伤情严重或者情况特殊，经设区的市级劳动能力鉴定委员会确认，可以适当延长，但延长不得超过12个月。工伤职工评定伤残等级后，停发原待遇，按照本章的有关规定享受伤残待遇。工伤职工在停工留薪期满后仍需治疗的，继续享受工伤医疗待遇。

生活不能自理的工伤职工在停工留薪期需要护理的，由所在单位负责。"

该公司必须按如上规定为王某提供保障和补偿。关于具体的补偿措施，《工伤保险条例》有如下规定。

《工伤保险条例》第三十条规定："职工因工作遭受事故伤害或者

患职业病进行治疗，享受工伤医疗待遇。

职工治疗工伤应当在签订服务协议的医疗机构就医，情况紧急时可以先到就近的医疗机构急救。

治疗工伤所需费用符合工伤保险诊疗项目目录、工伤保险药品目录、工伤保险住院服务标准的，从工伤保险基金支付。工伤保险诊疗项目目录、工伤保险药品目录、工伤保险住院服务标准，由国务院社会保险行政部门会同国务院卫生行政部门、食品药品监督管理部门等部门规定。

职工住院治疗工伤的伙食补助费，以及经医疗机构出具证明，报经办机构同意，工伤职工到统筹地区以外就医所需的交通、食宿费用从工伤保险基金支付，基金支付的具体标准由统筹地区人民政府规定。

工伤职工治疗非工伤引发的疾病，不享受工伤医疗待遇，按照基本医疗保险办法处理。

工伤职工到签订服务协议的医疗机构进行工伤康复的费用，符合规定的，从工伤保险基金支付。"

4.15 用人单位应对伤残员工负责

案例 员工有工伤保险，公司还需要再赔钱吗？

先看一个案例。

小柳在一家私营公司从事外贸工作。一次出差过程中，他不慎从高处跌下。其受伤情况经医院鉴定后，为九级伤残。小柳在获得工伤保险后，要求公司另行赔付他精神损失费和其他费用。

公司应该赔他这笔钱吗？答案是应该。

《工伤保险条例》第三十七条规定："职工因工致残被鉴定为七级

至十级伤残的,享受以下待遇:

(一)从工伤保险基金按伤残等级支付一次性伤残补助金,标准为:七级伤残为13个月的本人工资,八级伤残为11个月的本人工资,九级伤残为9个月的本人工资,十级伤残为7个月的本人工资;

(二)劳动、聘用合同期满终止,或者职工本人提出解除劳动、聘用合同的,由工伤保险基金支付一次性工伤医疗补助金,由用人单位支付一次性伤残就业补助金。一次性工伤医疗补助金和一次性伤残就业补助金的具体标准由省、自治区、直辖市人民政府规定。"

因此,公司应该按当地标准,赔付小柳一次性伤残就业补助金。

员工在工作中受伤是常见之事。在其受工伤后,公司应当为其申请工伤认定。认定成功后,员工才能获得工伤保险赔偿。当员工已有工伤保险时,公司仍需要另行向员工赔付。具体的赔付标准要根据《工伤保险条例》的如下规定。

《工伤保险条例》第三十四条规定:"工伤职工已经评定伤残等级并经劳动能力鉴定委员会确认需要生活护理的,从工伤保险基金按月支付生活护理费。

生活护理费按照生活完全不能自理、生活大部分不能自理或者生活部分不能自理3个不同等级支付,其标准分别为统筹地区上年度职工月平均工资的50%、40%或者30%。"

《工伤保险条例》第三十五条规定:"职工因工致残被鉴定为一级至四级伤残的,保留劳动关系,退出工作岗位,享受以下待遇:

(一)从工伤保险基金按伤残等级支付一次性伤残补助金,标准为:一级伤残为27个月的本人工资,二级伤残为25个月的本人工资,三级伤残为23个月的本人工资,四级伤残为21个月的本人工资;

(二)从工伤保险基金按月支付伤残津贴,标准为:一级伤残为本人工资的90%,二级伤残为本人工资的85%,三级伤残为本人工资的80%,四级伤残为本人工资的75%。伤残津贴实际金额低于当地最低工资标准的,由工伤保险基金补足差额;

(三)工伤职工达到退休年龄并办理退休手续后,停发伤残津贴,按照国家有关规定享受基本养老保险待遇。基本养老保险待遇低于伤残津贴的，由工伤保险基金补足差额。

职工因工致残被鉴定为一级至四级伤残的，由用人单位和职工个人以伤残津贴为基数，缴纳基本医疗保险费。"

《工伤保险条例》第三十六条规定："职工因工致残被鉴定为五级、六级伤残的，享受以下待遇：

（一）从工伤保险基金按伤残等级支付一次性伤残补助金，标准为：五级伤残为18个月的本人工资，六级伤残为16个月的本人工资；

（二）保留与用人单位的劳动关系，由用人单位安排适当工作。难以安排工作的，由用人单位按月发给伤残津贴，标准为：五级伤残为本人工资的70%，六级伤残为本人工资的60%，并由用人单位按照规定为其缴纳应缴纳的各项社会保险费。伤残津贴实际金额低于当地最低工资标准的，由用人单位补足差额。

经工伤职工本人提出，该职工可以与用人单位解除或者终止劳动关系，由工伤保险基金支付一次性工伤医疗补助金，由用人单位支付一次性伤残就业补助金。一次性工伤医疗补助金和一次性伤残就业补助金的具体标准由省、自治区、直辖市人民政府规定。"

《工伤保险条例》第三十八条规定："工伤职工工伤复发，确认需要治疗的，享受本条例第三十条、第三十二条和第三十三条规定的工伤待遇。"

《工伤保险条例》第三十九条规定："职工因工死亡，其近亲属按照下列规定从工伤保险基金领取丧葬补助金、供养亲属抚恤金和一次性工亡补助金：

（一）丧葬补助金为6个月的统筹地区上年度职工月平均工资；

（二）供养亲属抚恤金按照职工本人工资的一定比例发给由因工死亡职工生前提供主要生活来源、无劳动能力的亲属。标准为：配偶每月40%，其他亲属每人每月30%，孤寡老人或者孤儿每人每月在上述标准的基础上增加10%。核定的各供养亲属的抚恤金之和不应高于因工死亡职工生前的工资。供养亲属的具体范围由国务院社会保险行政部门规定；

（三）一次性工亡补助金标准为上一年度全国城镇居民人均可支配收入的20倍。

伤残职工在停工留薪期内因工伤导致死亡的，其近亲属享受本条第一款规定的待遇。

一级至四级伤残职工在停工留薪期满后死亡的，其近亲属可以享受本条第一款第（一）项、第（二）项规定的待遇。"

4.16 用人单位必须为员工缴纳社会保险费

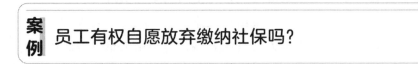

案例 员工有权自愿放弃缴纳社保吗？

社会保险能向丧失劳动能力、暂时失去劳动岗位或者因健康问题造成损失的人发放收入或补偿，其本质是一种社会和经济制度。《社会保险法》第二条规定："国家建立基本养老保险、基本医疗保险、工伤保险、失业保险、生育保险等社会保险制度，保障公民在年老、疾病、工伤、失业、生育等情况下依法从国家和社会获得物质帮助的权利。"社会保险具有保障物质及劳动力的再生产，维持社会稳定的作用。

《社会保险法》第四条规定："中华人民共和国境内的用人单位和个人依法缴纳社会保险费，有权查询缴费记录、个人权益记录，要求社会保险经办机构提供社会保险咨询等相关服务。

个人依法享受社会保险待遇，有权监督本单位为其缴费情况。"

根据此规定，用人单位和劳动者都需要依法缴纳社会保险费。而部分员工为了获得更丰厚的实际到手工资，便经常与用人单位私下提出要求不缴纳社保。那么，这种做法是否会给公司带来风险呢？下面结合一个案例来看。

小马在一家民营企业工作。由于学历不高，能力也一般，小马的薪水每月只有3000元，还要扣除约300元的社会保险费用。

因为生活在一线城市，消费水平很高，小马每月都捉襟见肘，入不敷出。无奈之下，小马找到老板，向老板提出不要扣社保费的请求，这样他每个月能多到手一点钱。最终老板同意了小马的请求，小马与单位签订了自愿放弃缴纳社保费的协议。

在这个案例中，员工和老板的做法是否符合法律规定呢？

《劳动法》第七十二条规定："社会保险基金按照保险类型确定资金来源，逐步实行社会统筹。用人单位和劳动者必须依法参加社会保险，缴纳社会保险费。"

根据《社会保险法》第二、四条和《劳动法》第七十二条的规定可知，依法参加社会保险并缴纳相关费用是用人单位和劳动者双方必须尽的义务。因此该案例中双方的做法都是错的，员工自愿放弃缴纳社保的承诺不具有法律效力，公司也必须依法为员工缴纳社保。

员工与公司约定自愿放弃缴纳社保，有两方面的风险。

1. 经济财产损失风险

（1）《工伤保险条例》第六十二条规定："用人单位依照本条例规定应当参加工伤保险而未参加的，由社会保险行政部门责令限期参加，补缴应当缴纳的工伤保险费，并自欠缴之日起，按日加收万分之五的滞纳金；逾期仍不缴纳的，处欠缴数额1倍以上3倍以下的罚款。

依照本条例规定应当参加工伤保险而未参加工伤保险的用人单位职工发生工伤的，由该用人单位按照本条例规定的工伤保险待遇项目和标准支付费用。

用人单位参加工伤保险并补缴应当缴纳的工伤保险费、滞纳金后，由工伤保险基金和用人单位依照本条例的规定支付新发生的费用。"

（2）《社会保险法》第六十三条规定："用人单位未按时足额缴纳社会保险费的，由社会保险费征收机构责令其限期缴纳或者补足。

用人单位逾期仍未缴纳或者补足社会保险费的，社会保险费征收机构可以向银行和其他金融机构查询其存款账户；并可以申请县级以上有关行政部门作出划拨社会保险费的决定，书面通知其开户银行或者其他金融机构划拨社会保险费。用人单位账户余额少于应当缴纳的社会保险费的，社会保险费征收机构可以要求该用人单位提供担保，签订延期缴费协议。

用人单位未足额缴纳社会保险费且未提供担保的，社会保险费征收机构可以申请人民法院扣押、查封、拍卖其价值相当于应当缴纳社会保险费的财产，以拍卖所得抵缴社会保险费。"

2. 行政处罚风险

（1）《社会保险法》第八十六条规定："用人单位未按时足额缴纳社会保险费的，由社会保险费征收机构责令限期缴纳或者补足，并自欠缴之日起，按日加收万分之五的滞纳金；逾期仍不缴纳的，由有关行政部门处欠缴数额一倍以上三倍以下的罚款。"

（2）《劳动法》第一百条规定："用人单位无故不缴纳社会保险费的，由劳动行政部门责令其限期缴纳；逾期不缴的，可以加收滞纳金。"

当用人单位遇到员工提出不缴纳社保的情况时，一定要拒绝员工并向员工解释公司不按照相关法律为其缴纳社保是违法的，公司会遭受经济损失并面临行政处罚。

4.17　员工离职带走公司财产，属于非法侵占

案例　离职后把公司的奔驰车开回家过年，高管获刑入狱

有这样一个案例：A是某创业公司总经理，B是该公司董事。A、B二人是叔侄关系。A在该公司任职期间适逢过年，经B同意后将一辆奔驰轿车开回家。后A离职，因与该公司产生薪资纠纷问题，其拒将车辆归还。第二年，A利用伪造资料将该车过户到自己名下。经鉴定，该轿车价值为28.5万元。该创业公司遂将A起诉至法院。

法院审理后认为：被告人A利用职务便利，非法占有公司财物，价值人民币28.5万元，数额较大，其行为已触犯《刑法》，构成职务侵占罪，依法应予惩处。

被告人A到案后如实供述自己的犯罪事实且在法庭上自愿认罪，属坦白行为，依法可以从轻处罚。被告人A主动向单位退还了所侵占的财

物,取得了谅解,可以酌情从轻处罚。该案系由薪资纠纷引发,可酌情对被告人A从轻处罚。遂判决被告人A职务侵占罪,判处有期徒刑6个月。

《公司法》第五条第二款规定:"公司的合法权益受法律保护,不受侵犯。"

依据上述规定,任何个人和单位都无权侵占公司财物。一旦利益受损,公司应依法维护自身合法权益。

针对员工非法侵占公司合法财产的情况,公司应根据情节轻重,按以下方式来解决,如图4-4所示。

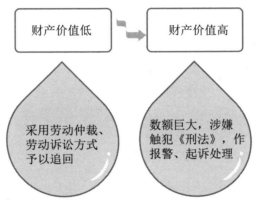

图4-4 员工非法侵占公司合法财产问题的解决方法

《刑法》第二百七十条第一款规定:"将代为保管的他人财物非法占为己有,数额较大,拒不退还的,处二年以下有期徒刑、拘役或者罚金;数额巨大或者有其他严重情节的,处二年以上五年以下有期徒刑,并处罚金。"

《刑法》第二百七十一条第一款规定:"公司、企业或者其他单位的工作人员,利用职务上的便利,将本单位财物非法占为己有,数额较大的,处三年以下有期徒刑或者拘役,并处罚金;数额巨大的,处三年以上十年以下有期徒刑,并处罚金;数额特别巨大的,处十年以上有期徒刑或者无期徒刑,并处罚金。"

这启示创业者,如果公司需要通过司法方式解决员工侵占公司财产的问题,那么必须要保留好相关证据。比如,员工在职期间领取、侵占有关财产的证据。

第 5 章

《税收征管法》：
税务风险是公司大隐患

缴税是公司的一项重要义务，相应地，税务支出也是公司的一项重大支出。缴纳税款的情况复杂、规定繁多，稍不注意就可能违反相关法规，为公司带来负面影响，因此创业者必须熟知《税收征管法》中关于公司运营的相关法律规定。

5.1 纳税人须按国家有关规定设置账簿

案例 不设置账簿的后果

某市税务机关在一次专项整顿活动中,发现一家企业没有设置会计账簿。于是该税务机关责令其限期改正。公司负责人不服从处罚,认为是否设置会计账簿是企业的私事,与税务机关无关,税务机关无权管理。

那么,该税务机关的做法是否合法呢?

根据《中华人民共和国税收征收管理法实施细则》的有关规定,该税务机关的做法是合法的。

《中华人民共和国税收征收管理法实施细则》第二十二条规定:"从事生产、经营的纳税人应当自领取营业执照或者发生纳税义务之日起15日内,按照国家有关规定设置账簿。

前款所称账簿,是指总账、明细账、日记账以及其他辅助性账簿。总账、日记账应当采用订本式。"

那么,该企业是否可以采取一些补救的措施呢?

《中华人民共和国税收征收管理法实施细则》第二十六条规定:"纳税人、扣缴义务人会计制度健全,能够通过计算机正确、完整计算其收入和所得或者代扣代缴、代收代缴税款情况的,其计算机输出的完整的书面会计记录,可视同会计账簿。

纳税人、扣缴义务人会计制度不健全,不能通过计算机正确、完整计算其收入和所得或者代扣代缴、代收代缴税款情况的,应当建立总账及与纳税或者代扣代缴、代收代缴税款有关的其他账簿。"

《中华人民共和国税收征收管理法实施细则》第二十九条规定:"账簿、记账凭证、报表、完税凭证、发票、出口凭证以及其他有关涉税资料应当合法、真实、完整。

账簿、记账凭证、报表、完税凭证、发票、出口凭证以及其他有关涉税资料应当保存10年；但是，法律、行政法规另有规定的除外。"

根据以上3条规定，只要该企业在会计制度健全的情况下，向税务机关出示计算机输出的完整书面会计记录就可以作为有效的会计账簿。

除上述规定之外，纳税人还应知道的是：

《中华人民共和国税收征收管理法实施细则》第二十四条明确规定："从事生产、经营的纳税人应当自领取税务登记证件之日起15日内，将其财务、会计制度或者财务、会计处理办法报送主管税务机关备案。

纳税人使用计算机记账的，应当在使用前将会计电算化系统的会计核算软件、使用说明书及有关资料报送主管税务机关备案。

纳税人建立的会计电算化系统应当符合国家有关规定，并能正确、完整核算其收入或者所得。"

报送备案是纳税人要依法履行的义务，但是纳税人报送的财务、会计制度并非在经税务机关的审查同意后才能生效。报送备案的意义是为税务机关实施有关的监督管理提供便利。

5.2 没有应纳税款，也应办理纳税申报 <<<

随意零申报可能被判为偷税

当公司既没有应税收入，也没有应纳税额时，应到税务机关办理零申报。但零申报不等同于不缴税，亦不等同于不申报。

《中华人民共和国税收征收管理法实施细则》第三十二条规定："纳税人在纳税期内没有应纳税款的，也应当按照规定办理纳税申报。

纳税人享受减税、免税待遇的，在减税、免税期间应当按照规定办理纳税申报。"

根据此规定，企业必须在经营期间按照相关规定进行纳税申报。如果企业随意零申报，将会面临何种后果？下面结合具体案例来看。

某餐饮公司的许多顾客在结账后未索取发票，该公司老板便暗示会计，公司没有进项可以抵扣，若不申报未开票收入，可以少缴纳许多税费。后被税务机关发现，做罚款处理。

《税收征管法》第六十三条规定："纳税人伪造、变造、隐匿、擅自销毁账簿、记账凭证，或者在账簿上多列支出或者不列、少列收入，或者经税务机关通知申报而拒不申报或者进行虚假的纳税申报，不缴或者少缴应纳税款的，是偷税。对纳税人偷税的，由税务机关追缴其不缴或者少缴的税款、滞纳金，并处不缴或者少缴的税款百分之五十以上五倍以下的罚款；构成犯罪的，依法追究刑事责任。

扣缴义务人采取前款所列手段，不缴或者少缴已扣、已收税款，由税务机关追缴其不缴或者少缴的税款、滞纳金，并处不缴或者少缴的税款百分之五十以上五倍以下的罚款；构成犯罪的，依法追究刑事责任。"

纳税申报是企业的义务，与企业应纳税款的有无没有必然联系。企业必须正确进行申报，否则会为企业带来损失。

5.3 两种特殊困难可延期缴纳税款

> **案例** 纳税人既存在多缴税款，又存在未缴税款时，还应遵循追征期吗？

某地稽查局依照规定程序调查 A 公司的涉税情况，发现该公司同时存在少缴税款和多缴税款的问题。其中少缴税费 922 万元，多缴税费 1080 万元。后稽查局下达通知，A 公司在多缴税款折抵后应补 117 万元。

A 公司对此处理表示异议，其多缴与少缴税费相抵扣后仍有 158 万元剩余税款，远超应补缴的117万元税费，因此不存在欠税问题。

此事发生适逢A公司经营状况欠佳，在支付了员工工资后，A公司已无足够资金去支付应补税款。

本案的关键是，在无足够资金支付应补税款时，A公司欠缴的部分税款该如何处理？

《中华人民共和国税收征收管理法实施细则》第七十九条规定："当纳税人既有应退税款又有欠缴税款的，税务机关可以将应退税款和利息先抵扣欠缴税款；抵扣后有余额的，退还纳税人。"

《中华人民共和国税收征收管理法实施细则》第四十一条规定："纳税人有下列情形之一的，属于税收征管法第三十一条所称特殊困难：

（一）因不可抗力，导致纳税人发生较大损失，正常生产经营活动受到较大影响的；

（二）当期货币资金在扣除应付职工工资、社会保险费后，不足以缴纳税款的。"

第6章
《增值税暂行条例》：
企业经营最常见的税你缴对了吗

增值税属于流转税的一种，商品在流转过程中会产生增值额，增值税就是将增值额作为计税依据而征收的税。增值税在公司所纳税务的总数里占比较高，各经营项目对应的增值税税率如何确定、增值税发票开具的流程与注意事项以及税率变动带来的影响等，是本章重点讲述的内容。

6.1 增值税税率 <<<

> **案例** "维保"和"维修"增值税税率不相同

增值税的征税项目及税率参照《增值税暂行条例》第二条的规定："增值税税率：

（一）纳税人销售货物、劳务、有形动产租赁服务或者进口货物，除本条第二项、第四项、第五项另有规定外，税率为17%。

（二）纳税人销售交通运输、邮政、基础电信、建筑、不动产租赁服务，销售不动产，转让土地使用权，销售或者进口下列货物，税率为11%：

1. 粮食等农产品、食用植物油、食用盐；

2. 自来水、暖气、冷气、热水、煤气、石油液化气、天然气、二甲醚、沼气、居民用煤炭制品；

3. 图书、报纸、杂志、音像制品、电子出版物；

4. 饲料、化肥、农药、农机、农膜；

5. 国务院规定的其他货物。

（三）纳税人销售服务、无形资产，除本条第一项、第二项、第五项另有规定外，税率为6%。

（四）纳税人出口货物，税率为零；但是，国务院另有规定的除外。

（五）境内单位和个人跨境销售国务院规定范围内的服务、无形资产，税率为零。

税率的调整，由国务院决定。"

《增值税暂行条例实施细则》第二条规定："条例第一条所称货物，是指有形动产，包括电力、热力、气体在内。

条例第一条所称加工，是指受托加工货物，即委托方提供原料及主要材料，受托方按照委托方的要求，制造货物并收取加工费的业务。

条例第一条所称修理修配，是指受托对损伤和丧失功能的货物进行修复，使其恢复原状和功能的业务。"

《增值税暂行条例实施细则》第三条规定："条例第一条所称销售货物，是指有偿转让货物的所有权。

条例第一条所称提供加工、修理修配劳务（以下称应税劳务），是指有偿提供加工、修理修配劳务。单位或者个体工商户聘用的员工为本单位或者雇主提供加工、修理修配劳务，不包括在内。

本细则所称有偿，是指从购买方取得货币、货物或者其他经济利益。"

由上述规定可知，增值税征收项目繁多。在经营过程中，创业者必须清楚自己业务项目对应的税率。

例如"维保"和"维修"二者一字之差，但是对应的税率却相差甚远。

先来看维保。维保指的是相关单位对货物进行日常维护与保养的业务。

《国家税务总局关于进一步明确营改增有关征管问题的公告》第四条规定："一般纳税人销售电梯的同时提供安装服务，其安装服务可以按照甲供工程选择适用简易计税方法计税。

纳税人对安装运行后的电梯提供的维护保养服务，按照'其他现代服务'缴纳增值税。"

举个例子：A 公司从事电梯售后的维护保养业务，2020 年该公司的维保费收入为 1060 万元。根据 2020 年的营改增项目增值税税率，如表 6-1 所示，其对应增值税率为 6%。

再来看维修。维修指的是雇主委托相关单位对受损的货物进行修复的业务。

再举个例子：B 公司从事电梯的修理修配业务，2020 年该公司的维修费收入 1130 万元。根据 2020 年的增值税税率，如表 6-2 所示，其对应增值税率为 13%。

表 6-1　2020 年营改增项目增值税税率

	营改增项目	税率
一般纳税人	交通运输服务	9%
	邮政服务	9%
	基础电信服务	9%
	增值电信服务	6%
	建筑服务	9%
	销售不动产	9%
	金融服务	6%
	研发技术服务	6%
	信息技术服务	6%
	文化创意服务	6%
	物流辅助服务	6%
	鉴证咨询服务	6%
	广播影视服务	6%
	商务辅助服务	6%
	其他现代服务	6%
	有形动产租赁服务	13%
	不动产租赁服务	9%
	文化体育服务	6%
	教育医疗服务	6%
	旅游娱乐服务	6%
	餐饮住宿服务	6%
	居民日常服务	6%
	其他生活服务	6%
	转让技术、商标、著作权、商誉、自然资源和其他权益性无形资产使用权或所有权	6%
	转让土地使用权	9%

表 6-2　2020 年增值税项目及对应税率

	增值税项目	税率
一般纳税人	销售或者进口货物（另有列举的货物除外；销售劳务）	13%
	销售或者进口： 1. 粮食等农产品、食用植物油、食用盐； 2. 自来水、暖气、冷气、热水、煤气、石油液化气、天然气、二甲醚、沼气、居民用煤炭制品； 3. 图书、报纸、杂志、音像制品、电子出版物； 4. 饲料、化肥、农药、农机、农膜； 5. 国务院规定的其他货物	9%

切不可对这两个相似的项目对应的税率产生混淆。

6.2 兼营不同税率的货物，应分别核算 <<<

> **案例** 混合销售与兼营业务明显不同，涉税处理需谨慎

某企业主营生产、加工、销售某种钢材的业务，其产品主要用途为高速公路及普通公路的路旁防护栏。该企业除销售外，还经营安装及运输业务。税务机关检查该公司的税务情况时，发现该企业共销售护栏6000个，每个7000元，每个护栏额外收取安装费1500元。

这种既涉及生产、加工又涉及销售的情况，应该怎么缴税呢？此处涉及混合销售行为与兼营行为存在区别的问题。

经营行为共分五大类，分别为销售服务、销售劳务、销售货物、销售无形资产和销售不动产。

若企业某销售行为同时涉及服务与货物，即为混合销售；而企业同时经营多种业务，即为兼营行为。只有"货物+服务"这一种形式属于混合销售，"货物+劳务""货物+不动产"等形式都属于兼营行为。

混合销售行为缴税，需按照《增值税暂行条例实施细则》第五条的规定："一项销售行为如果既涉及货物又涉及非增值税应税劳务，为混合销售行为。除本细则第六条的规定外，从事货物的生产、批发或者零售的企业、企业性单位和个体工商户的混合销售行为，视为销售货物，应当缴纳增值税；其他单位和个人的混合销售行为，视为销售非增值税应税劳务，不缴纳增值税。

本条第一款所称非增值税应税劳务，是指属于应缴营业税的交通运输业、建筑业、金融保险业、邮电通信业、文化体育业、娱乐业、服务业税目征收范围的劳务。

本条第一款所称从事货物的生产、批发或者零售的企业、企业性单位和个体工商户，包括以从事货物的生产、批发或者零售为主，并兼营非增值税应税劳务的单位和个体工商户在内。"

兼营行为缴税，则按照《增值税暂行条例》第三条规定："纳税人兼营不同税率的项目，应当分别核算不同税率项目的销售额；未分别核算销售额的，从高适用税率。"

上述案例中，该公司在销售产品时，有销售、运输与安装三个环节，其中销售涉及货物，运输与安装涉及非增值税应税劳务，符合《增值税暂行条例实施细则》第五条第一款规定，可以判定为混合销售行为，其适用的增值税税率为13%。

6.3 五种进项税额不得从销项税额中抵扣

> **案例** 公司奖励员工去旅行，机票可以从销项税额中抵扣吗？

某公司在年底评比优秀团队前，购买了30张机票当作优秀团队的奖励。

那么，购票支出对应的进项税额，能否从该公司的销项税额中抵扣？答案是不能。

《营业税改征增值税试点实施办法》第二十七条规定：
"下列项目的进项税额不得从销项税额中抵扣：

（一）用于简易计税方法计税项目、免征增值税项目、集体福利或者个人消费的购进货物、加工修理修配劳务、服务、无形资产和不动产。其中涉及的固定资产、无形资产、不动产，仅指专用于上述项目的固定资产、无形资产（不包括其他权益性无形资产）、不动产。

纳税人的交际应酬消费属于个人消费。

（二）非正常损失的购进货物，以及相关的加工修理修配劳务或者交通运输业服务。

（三）非正常损失的在产品、产成品所耗用的购进货物（不包括固定资产）、加工修理修配劳务或者交通运输业服务。

（四）非正常损失的不动产，以及该不动产所耗用的购进货物、设计服务和建筑服务。

（五）非正常损失的不动产在建工程所耗用的购进货物、设计服务和建筑服务。

纳税人新建、改建、扩建、修缮、装饰不动产，均属于不动产在建工程。

（六）购进的旅客运输服务、贷款服务、餐饮服务、居民日常服务和娱乐服务。

（七）财政部和国家税务总局规定的其他情形。

本条第（四）项、第（五）项所称货物，是指构成不动产实体的材料和设备，包括建筑装饰材料和给排水、采暖、卫生、通风、照明、通信、煤气、消防、中央空调、电梯、电气、智能化楼宇设备及配套设施。"

《增值税暂行条例》第十条也规定了下列项目的进项税额不得从销项税额中抵扣：

（一）用于简易计税方法计税项目、免征增值税项目、集体福利或者个人消费的购进货物、劳务、服务、无形资产和不动产；

（二）非正常损失的购进货物，以及相关的劳务和交通运输服务；

（三）非正常损失的在产品、产成品所耗用的购进货物（不包括固定资产）、劳务和交通运输服务；

（四）国务院规定的其他项目。

根据上述两条规定可知，纳税人用于集体福利的进项税额不得从销项税额中抵扣。某公司用于奖励员工的30张机票属于集体福利项目，对应的进项税额不得从销项税额中抵扣。

6.4 七个项目免收增值税

> **案例** 疫情防控期间帮助运送物资，能否享受免收增值税政策？

《增值税暂行条例》第十五条规定："下列项目免征增值税：

（一）农业生产者销售的自产农产品；

（二）避孕药品和用具；

（三）古旧图书；

（四）直接用于科学研究、科学试验和教学的进口仪器、设备；

（五）外国政府、国际组织无偿援助的进口物资和设备；

（六）由残疾人的组织直接进口供残疾人专用的物品；

（七）销售的自己使用过的物品。

除前款规定外，增值税的免税、减税项目由国务院规定。任何地区、部门均不得规定免税、减税项目。"

下面结合两个具体案例来对此规定进行解释。

A企业主营运输业务。在疫情防控期间，多次将重点医疗防控物资大批量运送至有需要的地区。

该公司取得的这些运输收入是否能享受免征增值税政策？答案是可以。

《财政部 税务总局关于支持新型冠状病毒感染的肺炎疫情防控有关税收政策的公告》第三条规定："对纳税人运输疫情防控重点保障物资取得的收入，免征增值税。"

那么，唐某在某二手平台上销售了一台自己使用过的电脑主机，是否能享受免征增值税政策？

答案也是可以。因为这符合《增值税暂行条例》第十五条第一款第七项规定。

6.5 纳税人销售货物应开具增值税专用发票

案例 卖方可以用收据代替发票吗？

创业者在实际经营公司的过程中，既会为购买原材料、聘请员工而支付一定的费用，又会因销售产品或提供劳务而获得一定的收入。前者称为进项，后者称为销项。如果将公司看成一位纳税人，那么公司所要缴纳税费的税基就是销项减去进项后的余额。如果公司想少缴纳税费，就需要增加进项的比例。

《增值税暂行条例》第八条规定："纳税人购进货物、劳务、服务、无形资产、不动产支付或者负担的增值税额，为进项税额。

下列进项税额准予从销项税额中抵扣：

（一）从销售方取得的增值税专用发票上注明的增值税额。

（二）从海关取得的海关进口增值税专用缴款书上注明的增值税额。

（三）购进农产品，除取得增值税专用发票或者海关进口增值税专用缴款书外，按照农产品收购发票或者销售发票上注明的农产品买价和11%的扣除率计算的进项税额，国务院另有规定的除外。进项税额计算公式：

$$进项税额 = 买价 \times 扣除率$$

（四）自境外单位或者个人购进劳务、服务、无形资产或者境内的不动产，从税务机关或者扣缴义务人取得的代扣代缴税款的完税凭证上注明的增值税额。

准予抵扣的项目和扣除率的调整，由国务院决定。"

进项通常包括购买办公用品、机器设备、汽车、汽车配件、低值易耗品，以及汽车加油和汽车修理。事实上，这些进项都属于公司的必备物品，是公司运营成本的一部分。在缴纳税费的时候，需要将这一部分支出减掉。

这里需要注意的是，普通收据不能起到减税作用。《企业所得税税前扣除凭证管理办法》第五条规定："企业发生支出，应取得税前扣除凭证，作为计算企业所得税应纳税所得额时扣除相关支出的依据。"

同时，第八条规定："税前扣除凭证按照来源分为内部凭证和外部凭证。内部凭证是指企业自制用于成本、费用、损失和其他支出核算的会计原始凭证。内部凭证的填制和使用应当符合国家会计法律、法规等相关规定。外部凭证是指企业发生经营活动和其他事项时，从其他单位、个人取得的用于证明其支出发生的凭证，包括但不限于发票（包括纸质发票和电子发票）、财政票据、完税凭证、收款凭证、分割单等。"

《企业所得税税前扣除凭证管理办法》第九条还规定："企业在境内发生的支出项目属于增值税应税项目（以下简称'应税项目'）的，对方为已办理税务登记的增值税纳税人，其支出以发票（包括按照规定由税务机关代开的发票）作为税前扣除凭证；对方为依法无需办理税务登记的单位或者从事小额零星经营业务的个人，其支出以税务机关代开的发票或者收款凭证及内部凭证作为税前扣除凭证，收款凭证应载明收款单位名称、个人姓名及身份证号、支出项目、收款金额等相关信息。

小额零星经营业务的判断标准是个人从事应税项目经营业务的销售额不超过增值税相关政策规定的起征点。

税务总局对应税项目开具发票另有规定的，以规定的发票或者票据作为税前扣除凭证。"

所以，企业要有税务机关规定的税前扣除凭证，才能有效抵扣税款。实际上，办公物品的购买支出对于一个公司来说是不可避免的。那么如何才能让这笔费用成功计入运营成本之中，并得到税务机关的认可呢？

公司工作人员在购买这些物品的时候，应该向卖家说明自己的身份，并索要符合税务机关要求的发票。一般来说，卖家为了少缴纳税费，不会主动开具专门的发票，而是会开具普通的收据。但是，如果买家主动要求，卖家也会同意开具发票。所以，买家一定要主动索要发票。我们来看一个具体案例。

《增值税暂行条例》：企业经营最常见的税你缴对了吗 第6章

赵某是某教育机构的教务人员，他除了负责该教育机构日常的教学事务，还负责教学用品的采购工作。由于他在上大学时选修了法律课，因此，他对税法知识比较精通。在工作期间，凡是由赵某采购回来的物品，各种发票都非常齐全。该教育机构的财务人员去税务机构缴税的时候，能因此节省不少税费。

为了方便索要发票，赵某在入职之后，给自己印了一套带有教育机构介绍的名片，并加盖了教育机构的公章。不论去哪里采购物品，只要出示名片，都能开到齐备的发票。某日赵某去一家超市采购教学用具，结账时他向工作人员索要发票，工作人员给了他一张收据，赵某当场拒绝。

《增值税暂行条例》第九条规定："纳税人购进货物、劳务、服务、无形资产、不动产，取得的增值税扣税凭证不符合法律、行政法规或者国务院税务主管部门有关规定的，其进项税额不得从销项税额中抵扣。"

《增值税暂行条例实施细则》第十九条规定："条例第九条所称增值税扣税凭证，是指增值税专用发票、海关进口增值税专用缴款书、农产品收购发票和农产品销售发票以及运输费用结算单据。"

赵某拒绝的理由就是依据这两条法规。收据和发票是有区别的，那么，它们到底有什么不同？

二者在样式方面有所不同。收据的样式如图6-1所示。

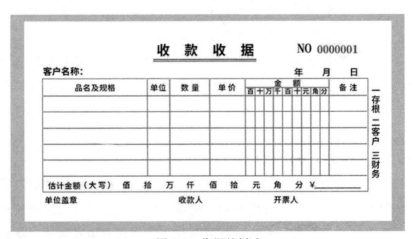

图6-1 收据的样式

发票的样式如图 6-2 所示。

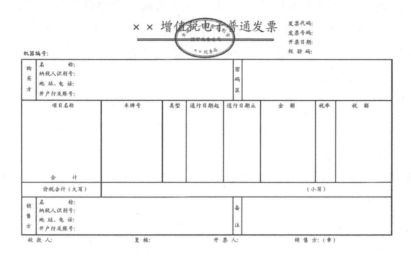

图 6-2　发票的样式

二者在定义和用途方面也不同。发票是财务收支的法定凭证，是会计核算的原始依据，它指的是一切单位和个人在提供或者接受劳务与服务、购销商品以及从事其他经营活动时，为对方提供的收付款的书面证明。发票也是审计机关和税务机关执法检查时的重要依据。而收据指的是收付款凭证，收据上面必须有财政部门印制的财政票据监制章，它主要用于行政事业性收入，即非应税业务。

此外，在经营过程中，如果涉及开发票问题，创业者一定要注意发票的"抬头"。发票的抬头即购物人名称。如果商品为个人购买，抬头就写个人名称；如果商品为单位购买，抬头就写单位名称。

《增值税暂行条例实施细则》第十一条规定："小规模纳税人以外的纳税人（以下称一般纳税人）因销售货物退回或者折让而退还给购买方的增值税额，应从发生销售货物退回或者折让当期的销项税额中扣减；因购进货物退出或者折让而收回的增值税额，应从发生购进货物退出或者折让当期的进项税额中扣减。

一般纳税人销售货物或者应税劳务，开具增值税专用发票后，发生销售货物退回或者折让、开票有误等情形，应按国家税务总局的规定开具红字增值税专用发票。未按规定开具红字增值税专用发票的，增值税额不得从销项税额中扣减。"

部分企业的人员因为欠缺财务知识，会出现不要求填写或简写发票抬头的问题，这会导致后期无法报销或报销出错。因此，企业有义务告知企业相关部门人员开具合规发票的要求和注意事项。

6.6 增值税纳税义务发生时间

案例 税率变动，谁该为合同损失埋单？

甲公司与乙公司签订了购销合同，合同总金额为2000万元。后乙公司于2019年3月依照合同先为甲公司提供价值1700万元的产品，并按当时的相关规定，按16%的税率给甲公司开具了增值税发票。甲公司支付了1700万元货款。

2019年4月1日，依据有关政策，国家征收增值税的比例正式下调至13%。同月，甲公司向乙公司支付剩余货款300万元，乙公司按甲公司要求交付了相应价值的产品，并按13%的税率为甲公司开具增值税发票。

因两批产品的增值税税率不同，甲公司的进货成本也发生了相应改变，如表6-3所示。

表6-3 增值税税率变动前后甲公司的进货成本

增值税税率为16%	增值税税率为13%
进项税额：300÷（1+16%）×16%≈41.4（万元）	进项税额：300÷（1+13%）×13%≈34.5（万元）
不含税进价：300-41.4=258.6（万元）	不含税进价：300-34.5=265.5（万元）
前后差额为265.5-258.6=6.9（万元）	

由表6-3可知，随着增值税税率下调，甲公司的进货成本增加了6.9万元，相应可抵扣的进项税额减少，甲公司因此受到了损失。

甲公司要求乙公司赔偿因其开票税率出错而导致的税款损失。

《增值税暂行条例》第十九条规定：

"增值税纳税义务发生时间：

（一）发生应税销售行为，为收讫销售款项或者取得索取销售款项凭据的当天；先开具发票的，为开具发票的当天。

（二）进口货物，为报关进口的当天。

增值税扣缴义务发生时间为纳税人增值税纳税义务发生的当天。"

甲公司认为：根据上述规定，开票税率的依据是"增值税扣缴义务发生时间为纳税人增值税纳税义务发生的当天"。乙公司第一次收款时纳税义务已发生，因此其应按16%的税率开具此笔交易中涉及的全部增值税专用发票，但乙公司却按13%的税率开具了第二张发票。

乙公司认为：其履行了合同约定，依据相关政策按实时税率开具增值税发票是合法行为。

《增值税暂行条例实施细则》第三十八条规定：

"条例第十九条第一款第（一）项规定的收讫销售款项或者取得索取销售款项凭据的当天，按销售结算方式的不同，具体为：

（一）采取直接收款方式销售货物，不论货物是否发出，均为收到销售款或者取得索取销售款凭据的当天；

（二）采取托收承付和委托银行收款方式销售货物，为发出货物并办妥托收手续的当天；

（三）采取赊销和分期收款方式销售货物，为书面合同约定的收款日期的当天，无书面合同的或者书面合同没有约定收款日期的，为货物发出的当天；

（四）采取预收货款方式销售货物，为货物发出的当天，但生产销售生产工期超过12个月的大型机械设备、船舶、飞机等货物，为收到预收款或者书面合同约定的收款日期的当天；

（五）委托其他纳税人代销货物，为收到代销单位的代销清单或者收到全部或者部分货款的当天。未收到代销清单及货款的，为发出代销货物满180天的当天；

（六）销售应税劳务，为提供劳务同时收讫销售款或者取得索取销售款的凭据的当天；

（七）纳税人发生本细则第四条第（三）项至第（八）项所列视同销售货物行为，为货物移送的当天。"

甲公司向乙公司支付的货款为预收货款，根据上述规定第一款第四项，增值税纳税义务发生时间为"货物发出的当天"，故而第二批产品适用13%的税率是符合相关规定的。

第7章

《企业所得税法》：
缴对企业所得税才能真正赢利

《企业所得税法》规定：缴纳企业所得税是企业的义务。而经营企业的最终目的是盈利，在做好前期准备后，创业者就应了解如何正确缴税，以及如何在正确缴税的基础上合理节税，从而增加企业的流动资金。

关于企业所得税的税率、如何正确缴纳企业所得税，以及如何在不偷税漏税的情况下通过合理的方法，为企业节省一部分税务支出等方面的知识，是本章讲述的重点内容。

第7章 《企业所得税法》：缴对企业所得税才能真正赢利

7.1 企业所得税税率为25%

> **案例** 企业赢利100万元，通过捐赠节税5万元

《企业所得税法》第四条第一款规定："企业所得税的税率为25%。"

创业者在经营一家公司时，最先要考虑的问题是运营成本。而在公司运营成本中，其所需缴纳的税款占据了相当大的比例。尤其是对于一家新公司来说，运营初期难免会受到税务负担过重这一问题的困扰。

《企业所得税法》第一条规定："在中华人民共和国境内，企业和其他取得收入的组织（以下统称企业）为企业所得税的纳税人，依照本法的规定缴纳企业所得税。

个人独资企业、合伙企业不适用本法。"

根据此规定可知，缴税、纳税是法律、法规所规定的，每一位创业者都必须无条件遵守，偷税、漏税行为是要受到法律制裁的。但是，创业者可以通过合理的节税方法，减轻纳税压力。

很多公司热衷于在国家级大型活动中捐款捐物。而在《企业所得税法》中，我国对公益性捐赠有着明确的税收优惠政策。

《企业所得税法》第九条规定："企业发生的公益性捐赠支出，在年度利润总额12%以内的部分，准予在计算应纳税所得额时扣除。"

《中华人民共和国企业所得税法实施条例》（以下简称《企业所得税法实施条例》）第五十一条规定："企业所得税法第九条所称的公益性捐赠，是指企业通过公益性社会组织或者县级以上人民政府及其部门，用于符合法律规定的慈善活动、公益事业的捐赠。"同时，该条例第五十二条规定：

"本条例第五十一条所称公益性社会组织，是指同时符合下列条件

的慈善组织以及其他社会组织：

（一）依法登记，具有法人资格；

（二）以发展公益事业为宗旨，且不以营利为目的；

（三）全部资产及其增值为该法人所有；

（四）收益和营运结余主要用于符合该法人设立目的的事业；

（五）终止后的剩余财产不归属任何个人或者营利组织；

（六）不经营与其设立目的无关的业务；

（七）有健全的财务会计制度；

（八）捐赠者不以任何形式参与该法人财产的分配；

（九）国务院财政、税务主管部门会同国务院民政部门等登记管理部门规定的其他条件。"

根据上述规定，公司因支持国家的公共事业而捐赠的这部分资金是不必缴纳税费的。此举既鼓励公司履行社会责任，也减轻了公司的纳税压力。

某企业2020年和2021年预计会计利润各为100万元，企业所得税的税率为25%。该企业为提高市场竞争力，同时合理节税，决定向某省级赛事活动捐款20万元。捐赠活动开始前，该企业草拟了3个方案，如表7-1所示。

表7-1 该企业的3个捐赠方案

方　　案	实　际　计　算
2019年底，直接捐给某省级赛事	直接向某省级赛事捐赠20万元，依据相关法规，当年应纳企业所得税为100×25%=25（万元）
2019年底，通过相关省级部门捐赠给某省级赛事	通过相关省级部门向某省级赛事捐赠20万元，依据相关法规，在税前扣除100×12%=12（万元），多于12万元的部分不能在税前扣除，当年应纳企业所得税为[（100-100×12%）×25%]=22（万元）
2019年底，通过相关省级部门先捐赠10万元，2020年年初通过相关省级部门再捐赠10万元	分两年开展捐赠活动，由于2019年和2020年的会计利润皆为100万元，故而该企业每年捐赠的10万元均小于扣除限额12万元，皆可以在税前扣除。2019年和2020年的应纳企业所得税均为[（100-10）×25%]=22.5（万元）

综上，第 3 种方案效果最佳，两年共可节税 5 万元。

当然，根据相关法规，如果企业的捐赠不属于公益性质，就不能享受免税优惠政策。

所以，企业如果想通过公益性捐赠这种方式达到节税的目的，就需要确保自己所进行的捐赠活动属于公益性质。否则，即使付出了金钱，也不能享受税费优惠政策。

一般来说，企业向国家税务机关认可的渠道和单位进行捐赠，并在捐赠之后索要符合税法规定的接受捐赠的专用收据，在缴税的时候向税务机关出示收据，就能享受税费优惠政策。

7.2　企业从各种来源取得的收入都是应纳税项 <<<

> **案例** 巧售货物少纳税

《企业所得税法》第五条规定："企业每一纳税年度的收入总额，减除不征税收入、免税收入、各项扣除以及允许弥补的以前年度亏损后的余额，为应纳税所得额。"

《企业所得税法》第六条规定："企业以货币形式和非货币形式从各种来源取得的收入，为收入总额。包括：

（一）销售货物收入；

（二）提供劳务收入；

（三）转让财产收入；

（四）股息、红利等权益性投资收益；

（五）利息收入；

（六）租金收入；

（七）特许权使用费收入；

（八）接受捐赠收入；

（九）其他收入。"

上述两条规定表明，企业从各种来源取得的收入都是应纳税项。但是如何根据法律规定合理节税，是每个创业者都应了解的知识。下面结合一个具体案例来看。

每年的国庆节都是人们旅游、购物兴致最高涨的时候，各大商家为了把握这一黄金时期，吸引更多的消费者，纷纷推出了促销活动。有的商家挂出"5折优惠"的宣传语，有的商家则推出"满200减100"的优惠活动，还有的商家甚至推出"买一送一"活动。毫无疑问，不论商家推出哪一种优惠活动，都是为了提高销量，增加收益。

《企业所得税法实施条例》第二十五条规定："企业发生非货币性资产交换，以及将货物、财产、劳务用于捐赠、偿债、赞助、集资、广告、样品、职工福利或者利润分配等用途的，应当视同销售货物、转让财产或者提供劳务，但国务院财政、税务主管部门另有规定的除外。"

《国家税务总局关于确认企业所得税收入若干问题的通知》规定："三、企业以买一赠一等方式组合销售本企业商品的，不属于捐赠，应将总的销售金额按各项商品的公允价值的比例来分摊确认各项的销售收入。"

根据上述两条规定，商家如果运用一些礼品赠送技巧，就可以降低自己的运营成本。也就是说，商家可以调整优惠政策，让自己少缴纳税费，从而达到降低运营成本的目的。例如，A商家推出"购买一件价值2000元的产品，即可赠送一件价值500元的产品"的活动。这其实相当于A商家卖出价值2500元的产品，但实际只收取了2000元。那么A商家在缴纳税费的时候，需要按照2500元的标准缴税。

与此同时，一家与A商家售卖同样物品的B商家推出打折促销活动。B商家规定购买一件价值2000元的产品，再任意购买一件价值500元的产品，则价格贵的产品可以享受7.5折优惠。这样算下来，B商家依然是收取了2000元，卖出了价值2500元的产品。但由于两件产品都是卖出的，所以只需按照实际售卖价格缴纳税费。也就是说，B商家的税基为2000元。显然，B商家会比A商家缴纳更少的税费。

同样是开展促销活动，只因活动的策略有所不同，最后给两个商家带来的盈利效果也不同。因此，公司在开展营销活动的时候，要仔细比较各种营销策略的优劣势，尽量选择一种能够节省税费、降低运营成本的策略，从而给公司带来更多的盈利。

7.3 小型微利企业按 20% 的税率缴税

案例 小微企业如何享受企业增值税优惠？

为减轻小微企业税负并促进其发展，国家出台了一系列相关优惠政策。

2021年4月，财政部、税务总局下发《关于实施小微企业和个体工商户所得税优惠政策的公告》（财税〔2021〕12号），具体内容如下：

"为进一步支持小微企业和个体工商户发展，现就实施小微企业和个体工商户所得税优惠政策有关事项公告如下：

一、对小型微利企业年应纳税所得额不超过100万元的部分，在《财政部 税务总局关于实施小微企业普惠性税收减免政策的通知》（财税〔2019〕13号）第二条规定的优惠政策基础上，再减半征收企业所得税。

二、对个体工商户年应纳税所得额不超过100万元的部分，在现行优惠政策基础上，减半征收个人所得税。

三、本公告执行期限为2021年1月1日至2022年12月31日。"

而《财政部 税务总局关于实施小微企业普惠性税收减免政策的通知》（财税〔2019〕13号）第二条规定的优惠政策，如表7-2所示。

表 7-2 小微企业的优惠政策

条 件	应纳税所得额	优 惠
1. 从事国家非限制和禁止行业 2. 年度应纳税所得额不超过300万元 3. 从业人数不超过300人 4. 资产总额不超过5000万元	不超过100万元的部分	减按25%计入应纳税所得额，按20%的税率缴纳企业所得税
	超过100万元但不超过300万元的部分	减按50%计入应纳税所得额，按20%的税率缴纳企业所得税

此外，规定中还提到："从业人数，包括与企业建立劳动关系的职工人数和企业接受的劳务派遣用工人数。所称从业人数和资产总额指标，应按企业全年的季度平均值确定。具体计算公式如下：

季度平均值 =（季初值 + 季末值）÷ 2

全年季度平均值 = 全年各季度平均值之和 ÷ 4

年度中间开业或者终止经营活动的，以其实际经营期作为一个纳税年度确定上述相关指标。"

那么，小微企业如何享受增值税优惠呢？下面来看一个实际案例。

某企业于2020年第一季度预缴企业所得税时，其实际经营状况不符合小型微利企业要求，但是此后的两个季度里，在预缴企业所得税时，其实际经营状况符合小型微利企业要求。该企业在第一季度至第三季度预缴企业所得税时，相应的累计应纳所得税额分别为50万元、100万元、200万元。

其实际应纳所得税额和减免税额的计算过程如表7-3所示。

表7-3 实际应纳所得税额和减免税额的计算过程

计算过程	第一季度	第二季度	第三季度
预缴时，判断是否为小型微利企业	不符合小型微利企业的要求	符合小型微利企业的要求	符合小型微利企业的要求
应纳税所得税额（累计值，万元）	50	100	200
实际应纳所得税额（累计值，万元）	50×25%=12.5	100×25%×20%=5	100×25%×20%+(200-100)×50%×20%=15
本期应补（退）所得税额（万元）	12.5	0（5-12.5<0，本季度应缴税款为0）	15-12.5=2.5
已纳税所得税额（累计值，万元）	12.5	12.5+0=12.5	12.5+0+2.5=15
减免所得税额（累计值，万元）	50×25%-12.5=0	100×25%-5=20	200×25%-15=35

7.4 企业所得税分月或者分季预缴

> **案例** 公司预缴企业所得税不当被罚款

《企业所得税法》第五十四条规定:"企业所得税分月或者分季预缴。

企业应当自月份或者季度终了之日起十五日内,向税务机关报送预缴企业所得税纳税申报表,预缴税款。

企业应当自年度终了之日起五个月内,向税务机关报送年度企业所得税纳税申报表,并汇算清缴,结清应缴应退税款。

企业在报送企业所得税纳税申报表时,应当按照规定附送财务会计报告和其他有关资料。"

《企业所得税法实施条例》第一百二十七条规定:"企业所得税分月或者分季预缴,由税务机关具体核定。

企业根据《企业所得税法》第五十四条规定分月或者分季预缴企业所得税时,应当按照月度或者季度的实际利润额预缴;按照月度或者季度的实际利润额预缴有困难的,可以按照上一纳税年度应纳税所得额的月度或者季度平均额预缴,或者按照经税务机关认可的其他方法预缴。预缴方法一经确定,该纳税年度内不得随意变更。"

由上述规定可知,企业所得税的缴纳方法为按期预缴、年终汇算清缴两种。预缴有两种计算方法,如图7-1所示。

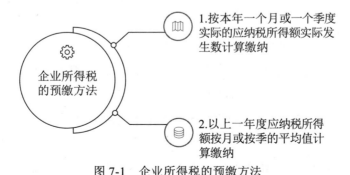

图7-1 企业所得税的预缴方法

由于企业所得税采取预缴模式，部分纳税人便认为企业所得税既然能在下一年中进行汇算清缴且多退少补，那么在按季度或月度预缴之时，少缴一些也可以。这样做有什么后果呢？下面结合具体案例来看。

许某是某销售公司的一名会计。由于销售公司利润波动较大，也为了省去年度汇算清缴的麻烦，他在测算季度预缴所得税时，向税务局少申报了一些。

后税务局打电话给许某，通知其上报的企业所得税申报表填写的利润数据和报送的财务报表上面的数据不一致。税务局要求许某对此做出合理解释，许某对此却并不在意。

《企业所得税法实施条例》第一百二十八条规定："企业在纳税年度内无论盈利或者亏损，都应当依照《企业所得税法》第五十四条规定的期限，向税务机关报送预缴企业所得税纳税申报表、年度企业所得税纳税申报表、财务会计报告和税务机关规定应当报送的其他有关资料。"

最后税务机关据此让该企业补缴了所得税并进行了罚款处理。

7.5　年度中间终止经营活动，六十日内办理汇算清缴 <<<

 案例 小公司不注销不缴税，被税务局加收滞纳金

在这个"大众创业，万众创新"的时代，很多人都尝试开办一家公司，但并不是所有人都有足够的能力将公司运营下去。很多公司可能会中途倒闭，停止经营。创业者一定要清楚，当企业不再经营时，必须尽快注销，否则将会产生严重后果。下面结合一个具体案例来看。

章某是一家食品有限公司的会计。因公司经营不善，加上行业形势

变化，所以公司决定停止经营。结算清楚员工工资后，该公司便彻底停止营业，章某也不再在该公司工作。6个月后，该公司老板要求章某去注销该公司。

章某携带注销资料至税务局，税务局却告知章某，公司需要补缴税款和加收的滞纳金。章某感到非常疑惑，公司已停止营业，何来缴税之说。

《企业所得税法》第五十五条规定："企业在年度中间终止经营活动的，应当自实际经营终止之日起六十日内，向税务机关办理当期企业所得税汇算清缴。

企业应当在办理注销登记前，就其清算所得向税务机关申报并依法缴纳企业所得税。"

依据该规定，企业在年度中间停止经营活动的，应当自实际经营终止之日起60天内，到税务机关进行税务申报。如果企业既不报税又不注销，根据相关法律，会有严重后果，如图7-2所示。

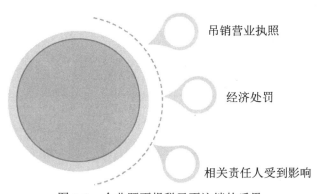

图7-2　企业既不报税又不注销的后果

（1）吊销营业执照。《公司法》第二百一十一条规定："公司成立后无正当理由超过六个月未开业的，或者开业后自行停业连续六个月以上的，可以由公司登记机关吊销营业执照。"

（2）经济处罚。由于企业停止经营前的税务没有向有关部门进行清算，有关部门有权要求企业清算税务并向企业加收滞纳金。

（3）相关责任人受到影响。市场监管部门会将被吊销营业执照的企业的法定代表人和股东列入黑名单，其征信也会受影响。

此外，如果企业相关责任人在上述问题发生后才去办理注销，那么注销手续会更加烦琐。不仅需要解除经营、税务异常状态，还要耗费更多时间、费用在注销方面。

综上所述，一家正规的企业必须在停止运营后及时到有关部门进行注销。在注销之前，企业必须根据相关规定依法申报税务。

第 8 章

《个人所得税法》：
缴纳个人所得税，不只是一个人的事

《个人所得税法》相关法律常识也是创业者必须掌握的。个人独资企业和合伙企业的投资人、有限责任公司的股东和员工等人员实施缴税行为时，都需要用到《个人所得税法》。本章将结合具体案例讲解《个人所得税法》的常用规定。

8.1 九个项目应缴个人税

> **案例** 公司发放过节费，员工个人税务反而增多

小吕的公司开张后不久，就迎来了我国的传统佳节——中秋节。逢年过节给员工发放过节费，这是绝大多数企业约定俗成的做法。这种做法一方面体现了对我国传统文化的弘扬，另一方面也体现了公司的人性化。然而，当小吕将一笔可观的过节费发放给员工时，他却没有从员工脸上看到过多的喜悦之情。

自2018年10月1日起，我国实施个税最新起征点和税率，个人所得税的起征点从每月的3500元提高到5000元。个人所得税实行阶梯征税制原则，即个人收入越高，所要缴纳的税费也就越多。

《个人所得税法》第二条规定：

"下列各项个人所得，应当缴纳个人所得税：

（一）工资、薪金所得；

（二）劳务报酬所得；

（三）稿酬所得；

（四）特许权使用费所得；

（五）经营所得；

（六）利息、股息、红利所得；

（七）财产租赁所得；

（八）财产转让所得；

（九）偶然所得。

居民个人取得前款第一项至第四项所得（以下称综合所得），按纳税年度合并计算个人所得税；非居民个人取得前款第一项至第四项所得，

按月或者按次分项计算个人所得税。纳税人取得前款第五项至第九项所得，依照本法规定分别计算个人所得税。"

根据该规定，个人所得税的征税范围包括员工当月所得的福利。也就是说，小吕给员工发放的这一笔可观的过节费，会增加员工当月所要缴纳的税费。

由于需要缴纳个税的项目庞杂，在实际经营公司时，企业未按规定及时缴纳个税的情况较为常见。在这个过程中，企业以及个人各自要承担何种责任呢？如表8-1所示。

表8-1 未及时缴纳个税，企业和个人应承担的责任

	情 形	补缴税款	滞纳金	罚 款	纳税信用
企业	未扣未缴	被扣	—	0.5～3倍	扣3分/次
	扣而不缴	被解缴	按日0.05%	0.5～5倍	扣11分/次
个人	未扣未缴	√	—	—	—
	需汇缴补税，未处理	√	按日0.05%	0.5～5倍	行政性约束或失信惩戒

此外，创业者在实际运营公司的过程中，如果想实现对员工的关怀但又不增加员工的税费负担，可以采用发放年终双薪的方法。

8.2 应纳税所得额的计算

案例 公司多扣了员工个税131元，倒赔了员工5.8万元

黄某是某工厂的员工。从该工厂离职时，黄某经过核算发现工厂多扣了自己131元个人所得税，自己在职时也还有几天年假未休，但工厂未予折现。后黄某申请了劳动仲裁，主张工厂支付其应休未休年休假工资1060元，退还多扣除的个人所得税，以及支付解除劳动合同的经济补偿金。同时，黄某向当地税务机关举报公司多扣缴个税的事情。仲裁结果支持工厂支付黄某应休未休年休假工资1060元，并退还多扣黄某

的个人所得税,不支持工厂支付黄某经济补偿金。

黄某对仲裁结果表示异议,提起诉讼,其主张与上述主张一致。法院支持黄某的主张,认为该工厂多扣款项少缴税的行为实际上等同于未足额发放工资,故该工厂应支付黄某解除劳动合同的经济补偿金。

那么,该工厂多扣了黄某131元个人所得税款的情况,在法律上应该如何认定呢?

《个人所得税法》第六条规定:"应纳税所得额的计算:

(一)居民个人的综合所得,以每一纳税年度的收入额减除费用六万元以及专项扣除、专项附加扣除和依法确定的其他扣除后的余额,为应纳税所得额。

(二)非居民个人的工资、薪金所得,以每月收入额减除费用五千元后的余额为应纳税所得额;劳务报酬所得、稿酬所得、特许权使用费所得,以每次收入额为应纳税所得额。

(三)经营所得,以每一纳税年度的收入总额减除成本、费用以及损失后的余额,为应纳税所得额。

(四)财产租赁所得,每次收入不超过四千元的,减除费用八百元;四千元以上的,减除百分之二十的费用,其余额为应纳税所得额。

(五)财产转让所得,以转让财产的收入额减除财产原值和合理费用后的余额,为应纳税所得额。

(六)利息、股息、红利所得和偶然所得,以每次收入额为应纳税所得额。

劳务报酬所得、稿酬所得、特许权使用费所得以收入减除百分之二十的费用后的余额为收入额。稿酬所得的收入额减按百分之七十计算。

个人将其所得对教育、扶贫、济困等公益慈善事业进行捐赠,捐赠额未超过纳税人申报的应纳税所得额百分之三十的部分,可以从其应纳税所得额中扣除;国务院规定对公益慈善事业捐赠实行全额税前扣除的,从其规定。

本条第一款第一项规定的专项扣除,包括居民个人按照国家规定的范围和标准缴纳的基本养老保险、基本医疗保险、失业保险等社会保险费和住房公积金等；专项附加扣除，包括子女教育、继续教育、大病医疗、住房贷款利息或者住房租金、赡养老人等支出，具体范围、标准和实施步骤由国务院确定，并报全国人民代表大会常务委员会备案。"

《劳动合同法》第八十五条规定：

"用人单位有下列情形之一的，由劳动行政部门责令限期支付劳动报酬、加班费或者经济补偿；劳动报酬低于当地最低工资标准的，应当支付其差额部分；逾期不支付的，责令用人单位按应付金额百分之五十以上百分之一百以下的标准向劳动者加付赔偿金：

（一）未按照劳动合同的约定或者国家规定及时足额支付劳动者劳动报酬的；

（二）低于当地最低工资标准支付劳动者工资的；

（三）安排加班不支付加班费的；

（四）解除或者终止劳动合同，未依照本法规定向劳动者支付经济补偿的。"

用人单位多扣了员工的个人所得税，本质上属于未足额发放工资。作为代扣代缴义务人，该工厂未能在发放工资时正确计算黄某应纳个人所得税；到了诉讼阶段，知晓多扣黄某个人所得税的事实但未依法退回，落实了克扣黄某工资的行为，违反了上述法规，故而应给予黄某赔偿。

最终，该工厂赔偿黄某经济补偿金 5.8 万元。

8.3 经营所得按年计算个税

> **案例** 计算经营所得个税，投资人的工资可以税前扣除吗？

吕某作为某合伙企业的合伙人，每月按时领取工资并缴纳个税。但是税务局在核查该企业的税务情况后，告知该企业投资人的工资不能作为合伙企业成本费用扣除。该企业需要依据相关规定进行纳税调整。吕某对这一情况感到疑惑。

依据《个人所得税法》第二条第一款第一项的规定，工资、薪金所得应当缴纳个人所得税。

所以吕某领取工资后缴纳个人所得税是理所当然的。那么为何其工资不能作为合伙企业成本费用扣除呢？

原因是合伙企业在申报个税时，最终缴纳税款的还是投资人。为避免在税款中重复扣除投资人的工资薪金，故而无须再扣除投资人的工资薪金。有关参考规定如下。

《关于个人独资企业和合伙企业投资者征收个人所得税的规定》第三条规定："个人独资企业以投资者为纳税义务人，合伙企业以每一个合伙人为纳税义务人（以下简称投资者）。"

第四条规定："个人独资企业和合伙企业（以下简称企业）每一纳税年度的收入总额减除成本、费用以及损失后的余额，作为投资者个人的生产经营所得，比照《个人所得税法》的'个体工商户的生产经营所得'应税项目，适用5%～35%的5级超额累进税率，计算征收个人所得税。

前款所称收入总额，是指企业从事生产经营以及与生产经营有关的活动所取得的各项收入，包括商品（产品）销售收入、营运收入、劳务服务收入、工程价款收入、财产出租或转让收入、利息收入、其他业务收入和营业外收入。"

由于现行规定个税起征点为5000元/月，那么当纳税人既取得综合所得，又取得经营所得时，其缴纳个人所得税时是否能同时在两项年度所得中分别减除6万元费用呢？

《个人所得税法》第六条第一款第一项规定："（一）居民个人的综合所得，以每一纳税年度的收入额减除费用六万元以及专项扣除、专项附加扣除和依法确定的其他扣除后的余额，为应纳税所得额。"

《个人所得税法》第六条第一款第三项规定："（三）经营所得，以每一纳税年度的收入总额减除成本、费用以及损失后的余额，为应纳税所得额。"

根据《中华人民共和国个人所得税法实施条例》第十五条第二款规定："取得经营所得的个人，没有综合所得的，计算其每一纳税年度的应纳税所得额时，应当减除费用6万元、专项扣除、专项附加扣除以及依法确定的其他扣除。专项附加扣除在办理汇算清缴时减除。"

综合上述规定可知,当纳税人既取得综合所得又取得经营所得时,不能同时在两项所得中分别减除 6 万元费用。若纳税人有综合所得,则在综合所得中扣除;若纳税人无综合所得,则在经营所得中扣除。

8.4 财产转让适用税率为 20%

> **案例　个人股权转让未报税被判逃税罪**

A、B、C 三人共同出资 1000 万元成立了一家有限责任公司。A 持有 48.88% 的股权,B 持有 6% 的股权,C 持有 45.12% 的股权。后三位股东协商,以 4500 万元的价格将该公司全部股权转让给他人。股权转让后,三人均未进行纳税申报。

后经当地税务局核算后,向三位被告人下达了税务事项通知书,限三人及时缴纳相关税款。A 在收到通知后将所拖欠税款及滞纳金全部缴清;B、C 未按照税务局要求缴纳税款。

后 B、C 二人因涉嫌犯逃税罪被当地公安局立案侦查,最终被法院判决犯逃税罪。

上述案例给创业者的启示是:作为创业者,应明确关于个人股权转让纳税申报的相关事宜。

1. 股权转让的征税范围

《股权转让所得个人所得税管理办法(试行)》第三条规定:"本办法所称股权转让是指个人将股权转让给其他个人或法人的行为,包括以下情形:

(一)出售股权;

(二)公司回购股权;

(三)发行人首次公开发行新股时,被投资企业股东将其持有的股份以公开发行方式一并向投资者发售；

（四）股权被司法或行政机关强制过户；

（五）以股权对外投资或进行其他非货币性交易；

（六）以股权抵偿债务；

（七）其他股权转移行为。"

第四条规定："个人转让股权，以股权转让收入减除股权原值和合理费用后的余额为应纳税所得额，按'财产转让所得'缴纳个人所得税。

合理费用是指股权转让时按照规定支付的有关税费。"

2. 个税纳税人及扣缴义务人

《个人所得税法》第九条规定："个人所得税以所得人为纳税人，以支付所得的单位或者个人为扣缴义务人。

纳税人有中国公民身份号码的，以中国公民身份号码为纳税人识别号；纳税人没有中国公民身份号码的，由税务机关赋予其纳税人识别号。扣缴义务人扣缴税款时，纳税人应当向扣缴义务人提供纳税人识别号。"

《股权转让所得个人所得税管理办法（试行）》第五条规定："个人股权转让所得个人所得税，以股权转让方为纳税人，以受让方为扣缴义务人。"

第九条规定："纳税人按照合同约定，在满足约定条件后取得的后续收入，应当作为股权转让收入。"

由上述规定可知，在股权转让交易中，转让方为纳税义务人，股权受让方为扣缴义务人，负有代扣代缴税款的义务。

3. 个税纳税期限

《股权转让所得个人所得税管理办法（试行）》第二十二条规定："被投资企业应当在董事会或股东会结束后5个工作日内，向主管税务机关报送与股权变动事项相关的董事会或股东会决议、会议纪要等资料。

被投资企业发生个人股东变动或者个人股东所持股权变动的，应当在次月15日内向主管税务机关报送含有股东变动信息的《个人所得税基础信息表（A表）》及股东变更情况说明。

主管税务机关应当及时向被投资企业核实其股权变动情况，并确认相关转让所得，及时督促扣缴义务人和纳税人履行法定义务。"

由上述规定可知，个人股权转让所得有上述情形之一的，应在次月15日内向主管税务机关报送有关资料并申报纳税。

4. 涉税刑事风险

《刑法》第二百零一条对逃税罪的规定："纳税人采取欺骗、隐瞒手段进行虚假纳税申报或者不申报，逃避缴纳税款数额较大并且占应纳税额百分之十以上的，处三年以下有期徒刑或者拘役，并处罚金；数额巨大并且占应纳税额百分之三十以上的，处三年以上七年以下有期徒刑，并处罚金。

扣缴义务人采取前款所列手段，不缴或者少缴已扣、已收税款，数额较大的，依照前款的规定处罚。

对多次实施前两款行为，未经处理的，按照累计数额计算。

有第一款行为，经税务机关依法下达追缴通知后，补缴应纳税款，缴纳滞纳金，已受行政处罚的，不予追究刑事责任；但是，五年内因逃避缴纳税款受过刑事处罚或者被税务机关给予二次以上行政处罚的除外。"

8.5 在期限届满前补缴税款，利息加收至补缴税款之日 <<<

> **案例** 补缴个税8000元，只因每月被"发工资"

闫某在某个人所得税APP进行税务申报时，意外发现其有8000元税款未缴纳。经核对，闫某发现某陌生公司自去年开始每月给她"发工资"。但闫某未曾在该公司就职，实际并未收到过工资。闫某立即在该平台上申诉。平台受理后，将闫某多出的工资撤销。

那么，这家公司的操作对闫某来说，有什么影响呢？

一是个人信息泄露，安全受到影响。

二是造成闫某应纳个人所得税额增加，若闫某不及时发现，依据下面两条规定，不仅要多缴超额的税费，还会被加收欠缴利息。

《个人所得税法》第八条第二款规定："税务机关依照前款规定作出纳税调整，需要补征税款的，应当补征税款，并依法加收利息。"

《个人所得税法实施条例》第二十三条规定："《个人所得税法》第八条第二款规定的利息，应当按照税款所属纳税申报期最后一日中国人民银行公布的与补税期间同期的人民币贷款基准利率计算，自税款纳税申报期满次日起至补缴税款期限届满之日止按日加收。纳税人在补缴税款期限届满前补缴税款的，利息加收至补缴税款之日。"

8.6 个人股权转让按"财产转让所得"缴纳个税 <<<

> **案例** 个人股权转让，税务局为何多征少退？

王某某是乙公司的股东之一。某年6月，甲公司、乙公司及乙公司股东签订了股权转让协议。协议约定：甲公司收购包括王某某在内的乙公司股东所持有的乙公司51%的股权，包括王某某在内的乙公司股东均以相同比例转让股权；此51%的股权原始总价与转让价分别为7803万元、39940.14万元。王某某出让的股权原始价与交易价分别为25.5万元、130.5233万元；甲公司分三期支付转让款。

后甲公司陆续向各股东支付了股权转让款。王某某收到88.5万元股权转让款。确认收款后，双方在当地工商局办理了股权变更登记手续。后王某某依法缴纳了652.60元印花税和203651.02元个人所得税。

然而，到了约定期限，甲公司却未支付余下股权转让款。后甲公司与乙公司股东签订补充协议，约定将原协议的购买51%股权变更为收购包括王某某在内的乙公司股东所持有的乙公司10%的股权；甲公司多受让41%的股权将按照原持股比例退还给各股东；此10%的股权将以4000万元的价格转让，其中王某某预计收到的股权转让款为13.07万元。

双方办理股权变更工商登记手续后，王某某向税务机关递交申请，要求退税 187520.31 元。有关部门审批后，于半年后退还王某某 61356.62 元税款。王某某对此处理表示异议，诉至法院。

本案的争议之处在于，税务机关仅退还王某某 61356.62 元税款的依据是什么，以及此行为是否合法。

在这个案例中，王某某最终预计所得的股权收购款为 13.07 万元。该股权的原始价为 5 万元，印花税为 652.60 元，以前者减去后面两者所得的 80047.4 元，为王某某最终所得收入。依照 20% 的个人税率，王某某需要缴纳 16009.48 元税款。

《中华人民共和国税收征收管理法实施细则》第七十八条规定："税务机关发现纳税人多缴税款的，应当自发现之日起 10 日内办理退还手续；纳税人发现多缴税款，要求退还的，税务机关应当自接到纳税人退还申请之日起 30 日内查实并办理退还手续。

《税收征管法》第五十一条规定的加算银行同期存款利息的多缴税款退税，不包括依法预缴税款形成的结算退税、出口退税和各种减免退税。"

依据上述规定，税务机关应当向王某某退回个人所得税 187641.54 元，而实际上仅退回 61356.62 元，且税务机关在无正当理由的情况下延长了退税时间，违反了相关规定。

《税收征管法》第五十一条规定，"纳税人超过应纳税额缴纳的税款，税务机关发现后应当立即退还；纳税人自结算缴纳税款之日起三年内发现的，可以向税务机关要求退还多缴的税款并加算银行同期存款利息，税务机关及时查实后应当立即退还。"

在此案例中，随着股权转让协议发生变更，王某某实际所得的股权转让款变为 13.07 万元，而不是 88.5 万元。税务机关应依法将多征的 187641.54 元税款及此期间产生的利息退还给王某某。

第 9 章

《会计法》：
财务问题是公司的底线问题

有的创业者认为，财务工作属于会计和财务部门的职责，自己无须了解相关财务知识。这种想法是错误的。虽然创业者不必如专业会计那样精通财务知识，但如果缺乏对财务常识及《会计法》等知识的了解，便容易导致整体决策出错。

第9章 《会计法》：财务问题是公司的底线问题

9.1 各单位应设置会计机构 <<<

> **案例** 选择低价代理记账公司，却被列入"经营黑名单"

《会计法》第三十六条规定："各单位应当根据会计业务的需要，设置会计机构，或者在有关机构中设置会计人员并指定会计主管人员；不具备设置条件的，应当委托经批准设立从事会计代理记账业务的中介机构代理记账。

国有的和国有资产占控股地位或者主导地位的大、中型企业必须设置总会计师。总会计师的任职资格、任免程序、职责权限由国务院规定。"

创业公司的创始人一般都来自各行各业，他们可能是研发人员、销售人员或技术工程师，他们对财税知识可能不是很了解。而且创业公司资金有限，很难具备设置专业的会计机构的条件。对此，创业者可以选择财务外包，将会计核算、记账、报税等工作委托给代理记账公司，公司只设立出纳人员，负责日常收支和财产保管。这样一方面可以提高公司资源的利用效率，集中资源在核心业务上；另一方面公司可以最大限度地利用外包公司的专业技能，使公司利润最大化。

那么，什么是代理记账公司呢？代理记账公司指的是帮助企业完成会计核算、记账、报税等一系列财务工作的专业记账公司。

为什么建议创业公司将账务工作外包给代理记账公司呢？因为很多创业公司在财务记账方面总有纰漏，也很难做好烦琐的记账、报税等工作。一个专业会计每月的工资至少为5000元，对一些创业公司来说成本较高。如果会计突然离职，更是会对公司财务工作造成巨大影响。另外，代理记账公司的软件、记账流程、人员都很专业，准确率和效率都有保障。

现在市场上的代理记账公司很多，但是其中也不乏一些不正规的公司。创业者稍不留意就可能给自己的公司留下大隐患。

韩先生创立了一家公司，因为公司刚起步，没有多余的资金聘请专业财务人员，于是在网上找了一家代理记账公司。这家公司的价格非常优惠，而且该公司业务人员说低价活动马上就截止了，韩先生没多想就签订了代理合同，全权委托对方处理公司账务。

委托之后的两个月，风平浪静，但韩先生却觉得奇怪，虽然有关部门没有找过他，但记账会计好像也没有联系过他。韩先生忙起来后没有特意记自己开过多少发票，记账会计也从没有跟他报备过。

韩先生不敢再随意开票，怕超过小规模企业免收增值税的额度。但是他觉得这样实在不利于公司经营，于是咨询了代理记账公司的客服。客服告诉他，开票额度提醒和汇报公司财务情况是要另收费的。韩先生很生气，觉得自己掉进了代理记账公司的"陷阱"，但为了公司经营稳定，还是把钱付了过去。

接下来的几个月，代理记账公司一直通过各种名目收费，像"挤牙膏"一样，不断让韩先生多缴费。

6个月之后，韩先生终于忍无可忍。因为他接到了市场监管部门的电话，通知公司要年检，否则就会被列为经营异常。韩先生找客服理论，但客服却推脱说，公司与韩先生签订的合同上只约定了负责报税，并没有约定要负责其他工作。韩先生一气之下把代理记账公司告上法庭，虽然最终胜诉了，但代理记账公司留下的财务"烂摊子"还需要韩先生自己处理，公司的经营也因为这个官司受到了影响。

可见，选择一家优质的代理记账公司对创业者很重要。那么创业者要如何选择代理记账公司呢？具体有以下六种方法，如图9-1所示。

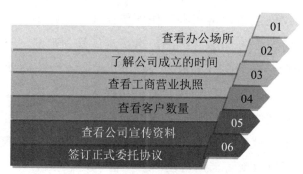

图9-1　选择代理记账公司的方法

1. 查看办公场所

市场上有很多代理记账公司,其中有一些规模非常小,老板加上员工一共只有两三个人,甚至没有固定的办公室。这样的代理记账公司非常不正规,一旦出现问题,很可能就联系不上了。创业者要选择办公地点在市区,在正规的办公楼里,且有一定规模、历史、专业背景的代理记账公司。因为这种公司的专业度和可信度比较高,可以减少创业者的委托风险。

2. 了解公司成立的时间

虽然公司成立时间无法证明其专业水平,但至少成立时间较长的代理记账公司肯定积累了更丰富的经验。与那些成立时间较短的公司相比,这些公司有处理各种情况的经验,会让创业者更放心一些。

3. 查看工商营业执照

工商营业执照是证明这家公司是否存在的最直接依据。除此之外,创业者还可以在市场监管部门的网站查询代理记账公司的营业执照经营范围,查看其是否有代理记账的经营项目。

4. 查看客户数量

客户数量代表客户对公司的认可度,同时还可以反映公司的服务质量。客户数量多,证明公司服务质量不错,有一定口碑,可以作为备选。

5. 查看公司宣传资料

创业者在短时间内了解代理记账公司专业性的方法就是查看公司的宣传资料。虽然网站内容、纸质宣传单可能会有夸大成分,但公司服务人员的专业性是可以从他的言谈举止中体现的。如果一个代理记账公司的服务人员连基本的专业问题都回答不上来,就可以证明该公司并不是非常专业。

优质的代理记账公司会时刻为客户着想,按照客户的需求、客户公司的类型给客户推荐合适的注册地址,而且会将注册流程、准备材料、注意事项等信息尽可能详尽地告知客户。

6. 签订正式委托协议

一般来说,正规的代理记账公司都会与客户签订正式委托协议,协议上会注明委托范围、双方的责任和义务、结算方式、有效期限、违约责任、终止条件等内容。签订协议既是对自己的公司负责，也是为了避免日后可能出现的纠纷。如果代理记账公司不肯与创业者签订委托协议，那么与这家公司合作的风险会很高。

综上所述，创业者选择代理记账公司，不仅要关注价格，还要关注企业资质、专业能力、服务质量以及该公司的软件硬件等。有一家适合的代理记账公司辅助，创业者可以省去很多财务上的麻烦，从而把更多精力投入到产品研发上。反之，一家不正规的代理记账公司可能会给创业者带来额外的麻烦，甚至影响创业者事业的发展。

9.2 会计人员必须遵守职业道德 <<<

案例 指使会计虚开增值税发票最终害人害己

财务工作不仅反映财务人员的工作水平，也决定整个企业能否正常运行。但在实际运营公司的过程中，总有部分经营者试图通过财务部门和会计人员非法谋取利益。

这种非法牟利的行为会有何种后果呢？下面结合具体案例来看。

秦某是 A 公司的会计人员。他花钱大手大脚，经常入不敷出。为了增加收入，他兼职 B 公司的会计。后 B 公司负责人顾某委托秦某在 S 市新注册一家 D 公司，同时委任秦某出任 D 公司的会计，薪酬等同于正式会计的月薪。秦某欣然答应，帮助顾某完成了新公司的注册工作。

公司注册完成后，顾某让秦某利用 B、D 两家公司互开发票，还让秦某虚开增值税专用发票给其他公司。后事情败露，秦某和顾某双双被诉至法院。

法院审理后认为，秦某明知 B、D 公司与第三方公司并无实际业务往来，仍多次虚开增值税专用发票，还积极帮助顾某筹办并成立 D 公司。

《会计法》第五条规定："会计机构、会计人员依照本法规定进行会计核算，实行会计监督。

任何单位或者个人不得以任何方式授意、指使、强令会计机构、会计人员伪造、变造会计凭证、会计账簿和其他会计资料，提供虚假财务会计报告。

任何单位或者个人不得对依法履行职责、抵制违反本法规定行为的会计人员实行打击报复。"

《会计法》第四十三条规定："伪造、变造会计凭证、会计账簿，编制虚假财务会计报告，构成犯罪的，依法追究刑事责任。

有前款行为，尚不构成犯罪的，由县级以上人民政府财政部门予以通报，可以对单位并处五千元以上十万元以下的罚款；对其直接负责的主管人员和其他直接责任人员，可以处三千元以上五万元以下的罚款；属于国家工作人员的，还应当由其所在单位或者有关单位依法给予撤职直至开除的行政处分；其中的会计人员，五年内不得从事会计工作。"

《会计法》第四十五条规定："授意、指使、强令会计机构、会计人员及其他人员伪造、变造会计凭证、会计账簿，编制虚假财务会计报告或者隐匿、故意销毁依法应当保存的会计凭证、会计账簿、财务会计报告，构成犯罪的，依法追究刑事责任；尚不构成犯罪的，可以处五千元以上五万元以下的罚款；属于国家工作人员的，还应当由其所在单位或者有关单位依法给予降级、撤职、开除的行政处分。"

根据上述规定，在法院的判决下，秦某和顾某最终双双获罪。

在上述案例中，秦某从头至尾只收取了工资，自身并未从虚开增值税发票中受益，但其行为在事实上已经违反了《会计法》第四十三条的规定，因而受到了法律的惩罚。

创业者必须明白财务部门和会计人员的重要性，在聘用会计人员时必须谨慎，同时要遵守相关法律和规定，杜绝利用财务部门和会计人员非法牟利的行为。

9.3 会计凭证包括原始凭证和记账凭证

> **案例** 股东有权查阅公司原始会计凭证吗？

会计凭证指的是能记录经济业务发生及完成情况的书面证明。它能够记录企业的经济业务状况，帮助企业明确经济责任并保证记录经济业务的合法性、合理性。会计凭证对会计记录的真实性亦有保证，能加强企业的经济责任制度。

会计凭证分为原始凭证和记账凭证。

原始凭证又称证明凭证，它指的是能够记录已经发生、正在执行或者已经完成的经济业务的最初的书面证明文件。原始凭证的用途是作为记账依据，明确经济责任。出差乘坐交通工具的交通票、采购货物的发票等都属于原始凭证。原始凭证在法律上具有证明效力，它是经济业务发生的最初证明。原始凭证分自制原始凭证与外来原始凭证两种。

记账凭证指的是会计人员当作直接依据来登记会计账簿的会计凭证。记账凭证必须是根据经审核的原始凭证填制的。记账凭证的内容应包括如下几点，如图 9-2 所示。

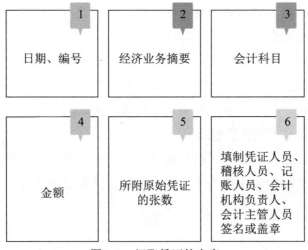

图 9-2 记账凭证的内容

第9章 《会计法》：财务问题是公司的底线问题

《会计法》第一条规定："为了规范会计行为，保证会计资料真实、完整，加强经济管理和财务管理，提高经济效益，维护社会主义市场经济秩序，制定本法。"

《会计法》第三条规定："各单位必须依法设置会计账簿，并保证其真实、完整。"

《会计法》第四条规定："单位负责人对本单位的会计工作和会计资料的真实性、完整性负责。"

由上述法规可以看出，会计账簿和会计凭证对公司来说是极其重要的，因此公司必须依法认真保护会计凭证和会计账簿。

在实际经营公司的过程中，部分股东常会因为想了解公司的经营状况与财务状况而要求查阅相关财会资料，那么，会计凭证在股东可查阅的范围内吗？下面结合一个具体案例来看。

B公司持有A公司30%的股权。

由于对A公司经营和财务状况了解不足，B公司便委托律师向A公司发送律师函，要求查阅A公司自成立至今的会计账簿和会计凭证，其中会计凭证必须包含记账凭证、相关原始凭证等资料。

A公司收到律师函后并未做出回应，B公司遂将A公司诉至法院，要求行使股东知情权，查阅A公司的上述资料。

会计账簿依据审核过的原始凭证进行登记，原始凭证反映了会计账簿的真实性和合理性。因此B公司主张只有其查阅A公司的原始凭证，才能真正了解A公司的实际经营状况，其股东权益才能得到保障。

A公司主张B公司这一要求并无任何法律依据。

法院最终判定，B公司无权查阅A公司的原始凭证。具体理由如下。

1. 股东有权查阅会计账簿

《公司法》第三十三条第二款规定："股东可以要求查阅公司会计账簿。股东要求查阅公司会计账簿的，应当向公司提出书面请求，说明目的。公司有合理根据认为股东查阅会计账簿有不正当目的，可能损害公司合法利益的，可以拒绝提供查阅，并应当自股东提出书面请求之日起十五日内书面答复股东并说明理由。公司拒绝提供查阅的，股东可以请求人民法院要求公司提供查阅。"

根据该规定,股东有权查阅公司会计账簿,但股东查阅会计账簿应以没有不正当目的、不会损害公司合法利益为前提。

本案中B公司是A公司的股东,故对公司运营状况享有知情权,有权查阅公司的会计账簿。

2. 会计账簿不包括原始凭证和记账凭证

《会计法》第十三条第一款规定:"会计凭证、会计账簿、财务会计报告和其他会计资料,必须符合国家统一的会计制度的规定。"

第十四条第一款规定:"会计凭证包括原始凭证和记账凭证。"

根据上述规定,会计账簿不包括原始凭证和记账凭证。股东知情权和公司利益的保护需要平衡,故不应当随意超越法律的规定扩大股东知情权的范畴。

《公司法》将股东可查阅财会资料的范围限定为财务会计报告与会计账簿,没有涉及原始凭证,因此B公司无权查阅A公司的原始凭证。

《公司法》第三十三条规定:"股东有权查阅、复制公司章程、股东会会议记录、董事会会议决议、监事会会议决议和财务会计报告。

股东可以要求查阅公司会计账簿。股东要求查阅公司会计账簿的,应当向公司提出书面请求,说明目的。公司有合理根据认为股东查阅会计账簿有不正当目的,可能损害公司合法利益的,可以拒绝提供查阅,并应当自股东提出书面请求之日起十五日内书面答复股东并说明理由。公司拒绝提供查阅的,股东可以请求人民法院要求公司提供查阅。"

根据相关法律规定,股东的知情权分两种情况:一种是对于公司章程、股东会会议记录、董事会会议决议、监事会会议决议和财务会计报告这类的资料,股东有权查阅、复制,且不需走书面申请程序;另一种则是对于会计账簿,股东只有查阅权而无复制权,且必须要走书面申请程序。

创业者对公司的会计凭证资料必须严加保护,要在股东或其他人要求查阅时,甄别其是否有不正当目的,防止有人借此损害公司合法利益。

9.4 会计账簿登记以审核过的会计凭证为依据 <<<

> **案例** 因凭证金额小而草率审核，会计人员连累单位被罚款

会计账簿简称账簿，指的是将会计凭证作为依据，全面、系统、连续、分类地记录和核算企业全部经济业务的簿籍。做好设置和登记会计账簿的工作，对于加强企业管理意义重大。

会计凭证按编制程序和用途分为原始凭证和记账凭证两类。取得并审核原始凭证是会计工作的一个重要环节，若会计取得假冒的、修改过的原始凭证，那后续工作都会受到影响。

在实际工作中，部分会计在收到金额较小的原始凭证时，因为嫌麻烦而草率处理。这样做有什么后果呢？

《会计法》第四十二条规定：

"违反本法规定，有下列行为之一的，由县级以上人民政府财政部门责令限期改正，可以对单位并处三千元以上五万元以下的罚款；对其直接负责的主管人员和其他直接责任人员，可以处二千元以上二万元以下的罚款；属于国家工作人员的，还应当由其所在单位或者有关单位依法给予行政处分：

（一）不依法设置会计账簿的；

（二）私设会计账簿的；

（三）未按照规定填制、取得原始凭证或者填制、取得的原始凭证不符合规定的；

（四）以未经审核的会计凭证为依据登记会计账簿或者登记会计账簿不符合规定的；

（五）随意变更会计处理方法的；

（六）向不同的会计资料使用者提供的财务会计报告编制依据不一致的；

（七）未按照规定使用会计记录文字或者记账本位币的；

（八）未按照规定保管会计资料，致使会计资料毁损、灭失的；

（九）未按照规定建立并实施单位内部会计监督制度或者拒绝依法实施的监督或者不如实提供有关会计资料及有关情况的；

（十）任用会计人员不符合本法规定的。

有前款所列行为之一，构成犯罪的，依法追究刑事责任。

会计人员有第一款所列行为之一，情节严重的，五年内不得从事会计工作。

有关法律对第一款所列行为的处罚另有规定的，依照有关法律的规定办理。"

小赵是一家大型贸易公司的会计人员。公司业务繁多，会计工作任务重，小赵成日忙得焦头烂额。该公司员工福利待遇好，员工很多开销公司都能给报销，因此平时小赵要处理不少金额较小的报销发票。

小李是新入职的员工，听说公司很多东西都能报销，便积攒了不少发票一起送到了财务部门。小赵将小李送来的发票按流程一一为其报销。但是3个月后，有关部门在抽查该公司的相关资料后，依据《会计法》第四十二条规定，给予该公司罚款处罚。作为相关负责人的小赵一头雾水。

后来小赵才知道，小李根本不清楚发票抬头如何填写，他送来的发票全都是不合格的。而自己不知道小李是新人，没有仔细检查就将小李的发票批准报销，这才连累公司被罚款。

会计人员在取得原始凭证后，要仔细检查原始凭证，如图9-3所示。

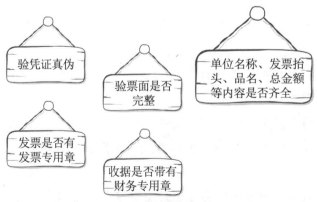

图9-3 原始凭证待检查的内容

创业者必须聘用专业素质过硬的会计人员并及时对其会计工作进行督查，以规避相关风险，依法运营公司。

9.5 内部会计监督制度应符合四项要求

> **案例** 兼职会计和出纳，监守自盗

《会计法》第二十七条规定："各单位应当建立、健全本单位内部会计监督制度。单位内部会计监督制度应当符合下列要求：

（一）记账人员与经济业务事项和会计事项的审批人员、经办人员、财物保管人员的职责权限应当明确，并相互分离、相互制约；

（二）重大对外投资、资产处置、资金调度和其他重要经济业务事项的决策和执行的相互监督、相互制约程序应当明确；

（三）财产清查的范围、期限和组织程序应当明确；

（四）对会计资料定期进行内部审计的办法和程序应当明确。"

单位内部会计监督指的是会计机构、会计人员依照上述规定，通过会计手段合法、合理、有效地对经济活动进行监督。一切违反《会计法》，违反国家统一的会计准则的相关事项，会计机构和会计人员都有权拒绝办理或者依法予以纠正。

当会计工作不规范时，公司会遭受极其严重的损失。下面结合一个具体案例来看。

卓某以实习人员的身份在某公司工作，双方签订了劳动合同，合同约定，卓某在实习期间担任该公司会计。

后该公司出纳调离，公司上级决定由卓某兼任出纳职务。实习期满后，卓某与该公司解除了劳动合同，但其一直未移交会计、出纳工作。后公司发现卓某利用职务之便，私自将公司部分公款转到其个人账户，用于个人消费。

案发前，卓某曾归还部分公款，但其余公款已无法归还，给公司带来了重大资金损失。

《会计法》第三十七条规定："会计机构内部应当建立稽核制度。

出纳人员不得兼任稽核、会计档案保管和收入、支出、费用、债权债务账目的登记工作。"

每一家公司的财务管理体系都不尽相同。但即使公司之间的财务管理制度差距再大，出纳和会计的工作内容都不能轻易混淆和僭越。会计与出纳分离既是会计基础工作的规定，又是企业内部会计监督制度的要求。一旦某人同时出任会计和出纳，等同于既当运动员又当裁判员，此时，财会人员监守自盗的问题就难以避免。

创业者必须依法设立公司内部会计监督制度，督促财会人员各司其职、相互配合，让财会人员如实反映并严格监督各项经济活动。

9.6 会计人员离职，必须办清交接手续

> **案例** 会计离职不办交接，要承担法律责任

财务工作及相关工作人员对企业来说是极其重要的。但财务部门也存在人员变动的情况，财务部门的人员变动牵涉的问题相对繁杂。下面结合具体案例来看。

蓝某是一名会计，最近刚在上海一家公司找到了一份会计工作。办完入职手续后，蓝某很快便投入工作中。一个月以后，蓝某按照规定去税务机关报送企业所得税预缴纳税申报表。然而，税务机关的工作人员告诉蓝某："你先把 3000 元的罚金缴纳了，再办理这个月的申报业务。"

蓝某听后表示不解，因为她的工作都是按照法律、法规要求进行的，

并没有违规行为，怎么会产生罚金呢？

《企业所得税法》第五十四条规定："企业所得税分月或者分季预缴。

企业应当自月份或者季度终了之日起十五日内，向税务机关报送预缴企业所得税纳税申报表，预缴税款。

企业应当自年度终了之日起五个月内，向税务机关报送年度企业所得税纳税申报表，并汇算清缴，结清应缴应退税款。

企业在报送企业所得税纳税申报表时，应当按照规定附送财务会计报告和其他有关资料。"

《税收征管法》第六十二条规定："纳税人未按照规定的期限办理纳税申报和报送纳税资料的，或者扣缴义务人未按照规定的期限向税务机关报送代扣代缴、代收代缴税款报告表和有关资料的，由税务机关责令限期改正，可以处二千元以下的罚款；情节严重的，可以处二千元以上一万元以下的罚款。"

税务机关的工作人员告诉蓝某，这笔罚金不是这个月产生的，而是由于该公司上个月未按时申报所致。根据《企业所得税法》第五十四条和《税收征管法》第六十二条的规定，蓝某所在公司需要缴纳罚金。

蓝某缴纳完罚金，办理好申报业务后，带着罚金缴纳凭据回到了公司，并把凭据交给了公司负责人。公司负责人说："以前以为财务工作只是统计、发放员工的工资，没想到财务人员才离职半个月，就让公司遭受了3000元的损失，以后一定要吸取教训。"

公司的人员流动是很正常的事情，然而，即使财务人员离职了，公司也应该按时向税务机关报送企业所得预缴税纳税申报表，按时缴纳税款。否则，就会面临处罚，使公司遭受损失。

《会计法》第四十一条规定："会计人员调动工作或者离职，必须与接管人员办清交接手续。

一般会计人员办理交接手续，由会计机构负责人（会计主管人员）监交；会计机构负责人（会计主管人员）办理交接手续，由单位负责人监交，必要时主管单位可以派人会同监交。"

所以，公司管理者和人事部负责人必须关注和重视财务人员的流动，一旦有财务人员提出辞职或调换岗位的申请，应及时开展招聘工作，补充空缺职位。如果短时间内没有招聘到合适的人员，就应该让财务人员在离职之前提前交接好相关手续，这样既能遵守相关法律，也能避免给公司带来损失。

第 10 章
《民法典》——物权：
公司动产和不动产的流转依据

企业经营过程中必然会涉及业务往来，当有业务往来时，企业的动产与不动产就会发生流转。《民法典》物权篇就是企业动产与不动产流转的依据，只有熟知有关规定，企业才能规避转移与交付动产和不动产时的陷阱，并且在发生纠纷时依法维权。

10.1 不动产物权变更，经登记发生效力

案例 转让个人独资企业，不动产权登记后才能转移

不动产指的是依据自然性质、法律规定不可移动的财产，或者移动后性质、形状会发生改变的财产，比如建筑物、构筑物等。

叶某于某年投资了一家个人独资企业。该企业拥有矿区采矿权，采矿权许可证登记在该独资企业名下。后来叶某依法转让了该企业，并在工商部门变更了企业投资人，但未到有关部门对采矿权办理审批登记手续。

由于叶某未归还银行欠款，银行主张法院查封执行该采矿权。此时企业和新投资人认为，在企业转让的情况下，采矿权应一同转让，不属于原投资人叶某。

此案例的争议点在于采矿权是否发生权利转移。

个人独资企业的本质为非法人企业，不具备独立的法律人格，故其全部财产的实际所有权人为企业投资人。上述案例中的企业投资人发生过变更且经过工商变更登记，企业名下财产权利应依法转移。

《民法典》第二百零九条规定："不动产物权的设立、变更、转让和消灭，经依法登记，发生效力；未经登记，不发生效力，但是法律另有规定的除外。依法属于国家所有的自然资源，所有权可以不登记。"

叶某将该企业全部资产转让，但没有就采矿权到有关部门办理审批登记手续，由于采矿权是特殊财产，不办理变更登记，物权并未发生变动。尽管该企业投资人已经过工商登记变更，但采矿权的权利人依然是叶某。

10.2 动产物权的变更，自交付时发生效力

> **案例** 卖了手机又回租，没签占有改定协议手机仍属于原物主

《民法典》第二百二十四条规定："动产物权的设立和转让，自交付时发生效力，但是法律另有规定的除外。"

法律层面的物分为不动产和动产两个大类。前文介绍了不动产的概念，除去不动产，能进行移动的物均为动产，故而动产种类繁多。

在经济活动中，依据交易的不同方式，除了直接交付外，动产还有以下几种交付方式。

1. 简易交付

《民法典》第二百二十六条规定："动产物权设立和转让前，权利人已经占有该动产的，物权自民事法律行为生效时发生效力。"

简易交付是指在转让动产前，受让人已经合法占有了该动产，双方签订的转让协议一经生效，交付就算完成。比如，乙方先是向甲方租赁了某设备，后又买下了该设备，买卖合同一经生效，就等同于该设备物权已经交付。

2. 指示交付

《民法典》第二百二十七条规定："动产物权设立和转让前，第三人占有该动产的，负有交付义务的人可以通过转让请求第三人返还原物的权利代替交付。"

指示交付是指在转让动产前，若动产由第三方依法占有，动产转让方可以请求第三方返还动产，代替交付动产。比如，甲方和乙方约定了转让某设备给乙方，但该设备目前由第三方丙方占有使用，则乙方可以直接要求丙方返还设备。

3. 占有改定

《民法典》第二百二十八条规定："动产物权转让时，当事人又约定由出让人继续占有该动产的，物权自该约定生效时发生效力。"

占有改定是指在转让动产的过程中，转让双方约定由转让方继续占有该动产，则转让协议一经生效，动产的物权便发生改变。比如，甲方把某设备转让给乙方，但甲方还需要继续使用该设备，于是甲方向乙方租赁了该设备。转让时双方不用交付实际货物，但自转让协议生效时，物权就已经转移给了乙方。

田某出国前想把一台手机卖给万某，双方约定万某买下田某的手机，但田某要继续使用到出国前才把手机交付给万某。双方签订了协议，协议约定手机已经属于万某。后田某出国，将手机带了过去，万某想要追回手机，田某拒绝。万某将田某诉至法院，万某能拿回手机吗？

答案是不能。根据《民法典》第二百二十八条的规定，占有改定有两个构成要件：一是当事双方达成动产物权变动的合意；二是当事双方就该动产另外达成原物主继续占有使用该动产的合意。两个条件缺少一个，都无法达成物权转移的效力。

创业者在涉及动产产权交易时，如果以占有改定协议方式交付产权，一定要订立好相关条款，谨防因为协议问题产生损失。

10.3　不动产或动产可由两人以上共有

> **案例** 和他人共有的房产如何分割？

公司财产包括动产与不动产。设立一家公司的过程是相对复杂的，公司财产的归属情况也相对复杂一些，例如同一财产的拥有者可能不止一个人。

《民法典》第二百九十七条规定："不动产或者动产可以由两个以上组织、个人共有。共有包括按份共有和共同共有。"

关于按份共有和共同共有的规定，见下面两条法律。

《民法典》第二百九十八条规定："按份共有人对共有的不动产或者动产按照其份额享有所有权。"

《民法典》第二百九十九条规定："共同共有人对共有的不动产或者动产共同享有所有权。"

若动产或不动产是共有财产，则共有人依法享有相应的权利和义务。

《民法典》第三百条规定："共有人按照约定管理共有的不动产或者动产；没有约定或者约定不明确的，各共有人都有管理的权利和义务。"

《民法典》第三百零二条规定："共有人对共有物的管理费用以及其他负担，有约定的，按照其约定；没有约定或者约定不明确的，按份共有人按照其份额负担，共同共有人共同负担。"

创业者在实际运营公司的过程中，可能会遇到公司财产分割方面的问题。动产分割大多数可以量化，那么不动产，尤其是共有不动产又该如何分割呢？下面结合具体案例来看。

高某和艾某是自幼一起长大的朋友。二人在大学毕业后共同创业，开了一家咖啡厅。高某在某社交媒体上粉丝众多，利用粉丝资源使咖啡厅生意兴隆，赚取了大量利润。高某和艾某以合伙人的身份用咖啡厅赚得的收益买了一套房产，共有情况为共同共有，登记在二人名下。后咖啡厅因经营不善倒闭，高某和艾某的关系也随之破裂。

在分割房产时，高某想折现分割，而艾某却不想分割。面对这种情况，二人应该如何做呢？

根据上文内容可知，共有情况有两种，分别是共同共有和按份共有。这两种共有方式差异很大，涉及分割问题时解决方法也不尽相同。

《民法典》第三百零三条规定："共有人约定不得分割共有的不动产或者动产，以维持共有关系的，应当按照约定，但是共有人有重大理由需要分割的，可以请求分割；没有约定或者约定不明确的，按份共有人可以随时请求分割，共同共有人在共有的基础丧失或者有重大理由需要分割时可以请求分割。因分割造成其他共有人损害的，应当给予赔偿。"

1. 共同共有

共同共有与按份共有的最大区别在于，共有人之间一般存在某种特定的身份关系，例如婚姻关系、合伙关系等。共同共有人若想分割房屋，除非符合双方约定的分割条件，或者出现不得不分割的情况，才能提出分割要求，否则只要一方不同意分割，就不能分割。

2. 按份共有

根据《民法典》第三百零三条的规定，没有约定或者约定不明确的，按份共有人能直接要求分割共有物。若按份共有人无法协商一致，可以向法院起诉。

所以想分割共有房屋，必须先确定双方的共有方式，以明确是否能分割。在上述案例中，高某与艾某是共同共有关系。当高某、艾某合伙人的共有基础丧失后，若艾某不同意分割，高某可以将其起诉至法院，请求分割。

《民法典》第三百零四条规定："共有人可以协商确定分割方式。达不成协议，共有的不动产或者动产可以分割且不会因分割减损价值的，应当对实物予以分割；难以分割或者因分割会减损价值的，应当对折价或者拍卖、变卖取得的价款予以分割。共有人分割所得的不动产或者动产有瑕疵的，其他共有人应当分担损失。"

《民法典》第三百零五条规定："按份共有人可以转让其享有的共有的不动产或者动产份额。其他共有人在同等条件下享有优先购买的权利。"

《民法典》第三百零六条规定："按份共有人转让其享有的共有的不动产或者动产份额的，应当将转让条件及时通知其他共有人。其他共有人应当在合理期限内行使优先购买权。"

由上述法律规定可知，分割方式主要有三种，分别是折价、变卖和拍卖。

10.4 债权既有物担保又有人担保

> 例 不行使抵押权,直接要求担保人还款可行吗?

我们曾经代理过这样一个案子:

A公司与某银行B支行签订了借款合同,借款金额约100万元,其用途为借新还旧。

B支行与C公司、D公司以及E公司签订了担保合同。合同中约定C公司、D公司、E公司为该笔借款提供连带责任保证。合同中某条款约定:"当债务人未履行债务时,无论债权人对主合同项下的债权是否拥有其他担保,债权人有权直接要求担保人承担担保责任。"

B支行还与A公司及F公司签订了最高额抵押合同,合同中约定A公司及F公司提供相应的物保作为抵押。其中某条款约定:"当债务人未履行债务时,无论抵押权人对所担保的主合同项下的债权是否拥有其他担保,抵押权人均有权直接要求抵押人在其担保范围内承担担保责任。"

后A公司停产,给B支行债权安全带来风险,B支行遂将其诉至法院,主张C公司、D公司及E公司承担保证责任,偿还借款。

B支行能否不依据最高额抵押合同的约定,跳过向A公司和F公司行使抵押权的步骤,直接依据担保合同诉请担保人还款?

《民法典》第三百九十二条规定:"被担保的债权既有物的担保又有人的担保的,债务人不履行到期债务或者发生当事人约定的实现担保物权的情形,债权人应当按照约定实现债权;没有约定或者约定不明确,债务人自己提供物的担保的,债权人应当先就该物的担保实现债权;第三人提供物的担保的,债权人可以就物的担保实现债权,也可以请求保证人承担保证责任。提供担保的第三人承担担保责任后,有权向债务人追偿。"

法院审理后认为：本案担保合同的上述约定是关于实现债权而非实现担保物权的约定，上述约定并不能必然得出已就担保物权的实现顺序与方式等做出了明确约定，故不能将本案担保合同中的上述约定理解为《民法典》第三百九十二条规定的"当事人约定的实现担保物权的情形"。

而两份最高额抵押合同的上述约定，是关于抵押权人直接要求抵押人在其物保范围内承担物保责任的约定，属于就实现担保物权所做的约定。依据《民法典》第三百九十二条的规定，当发生当事人约定的实现担保物权的情形时，债权人应当按照约定实现债权。

在本案中，被担保债权既有物的担保又有人的担保，并且物的担保既有债务人提供的，也有第三方F公司提供的。在这种情况下，B支行应当按照两份最高额抵押合同中关于实现担保物权的约定，向债务人A公司主张实现其债权，而非依照担保合同的约定实现其债权。

此案例给创业者的启示是：在债权既有物担保又有人担保时，作为债权人应当慎重。如果物保存在不可能实现的风险，债权人不可将其列入担保范围，否则将直接影响债权人向担保人主张保证责任。

第11章

《商标法》：
不注册商标，好产品只能"为他人做嫁衣"

现实中有很多著名的商标之争，例如南北稻香村、加多宝和王老吉等。这些案件的双方因商标问题争执数年，可见商标对公司的意义之重大。公司商标既是一个公司身份的象征，也是一个公司区别于其他公司的标志，一个好的商标能对公司发展起到强大的助推作用。

正因为商标的作用如此之大，各企业间就商标权产生纠纷也是司空见惯之事。因此，创业者必须了解《商标法》中关于商标注册、商标纠纷的各项规定。

11.1 改变注册商标标志，应重新提出申请

> **案例** 注册商标使用时，外观稍作修改会不会被撤销？

创立公司时，创业者不仅需要注册公司名称，还需要注册公司商标。注册商标的流程，如图 11-1 所示。

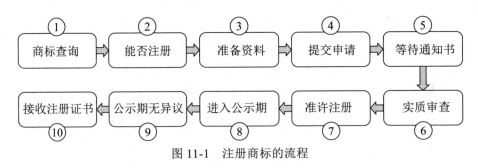

图 11-1 注册商标的流程

《商标法》第四条规定："自然人、法人或者其他组织在生产经营活动中，对其商品或者服务需要取得商标专用权的，应当向商标局申请商标注册。不以使用为目的的恶意商标注册申请，应当予以驳回。本法有关商品商标的规定，适用于服务商标。"

《商标法》第六条规定："法律、行政法规规定必须使用注册商标的商品，必须申请商标注册，未经核准注册的，不得在市场销售。"

通过以上两条规定可知，如果公司使用的商标没有经过注册，也就意味着该商标不受法律保护，那么其他公司就可以同时使用这个商标。而这就给了那些假冒伪劣产品可乘之机。当大量假冒伪劣产品印着创业者公司的商标出现时，公司的信誉会受到很大影响，这显然对公司的长足发展是不利的。

《商标法》第八条规定："任何能够将自然人、法人或者其他组织的商品与他人的商品区别开的标志，包括文字、图形、字母、数字、三

维标志、颜色组合和声音等，以及上述要素的组合，均可以作为商标申请注册。"

第九条规定："申请注册的商标，应当有显著特征，便于识别，并不得与他人在先取得的合法权利相冲突。商标注册人有权标明'注册商标'或者注册标记。"

《商标法》要求商标必须是鲜明独特的，能将法人与其他法人区别开的。一个鲜明独特的商标能帮助公司快速发展。在公司发展过程中，公司常会因为主观或客观原因想对商标做出改动，而注册商标的流程较多，部分公司就认为，只是轻微的改动，应该不用重新申请。这种想法是正确的吗？我们结合一个具体案例来看。

王总是一家食品公司的老板。公司一款食品的商标原本采用的是手写体，但是随着极简风格的推行，消费者对于干净、素雅的极简风包装明显更买账。同一产品，极简风包装的销量也总是高于传统包装的。于是王总让宣传部门重新设计了包装和商标。设计方案出来后，王总觉得商标只是变动了字体，其他并没有改变，于是公司迅速将新的极简风包装投入生产和使用。

然而新包装和新商标使用没多久，公司就收到了市场监管局的电话，责令公司用回原商标。

《商标法》第二十四条规定："注册商标需要改变其标志的，应当重新提出注册申请。"

《商标法》第四十九条规定："商标注册人在使用注册商标的过程中，自行改变注册商标、注册人名义、地址或者其他注册事项的，由地方工商行政管理部门责令限期改正；期满不改正的，由商标局撤销其注册商标。

注册商标成为其核定使用的商品的通用名称或者没有正当理由连续三年不使用的，任何单位或者个人可以向商标局申请撤销该注册商标。商标局应当自收到申请之日起九个月内做出决定。有特殊情况需要延长的，经国务院工商行政管理部门批准，可以延长三个月。"

根据这两条规定可知，无论商标发生多么小的改动，企业都必须及时重新申请，否则就是违法行为。

11.2 注册商标的有效期为十年

 商标宽展期内遇到侵权问题，是否可以维权？

宽展期指的是在注册商标有效期限届满前的规定时间内，商标权人没能及时提出续展注册申请的情况下，法律赋予商标权人进行续展注册申请权利的一段时间。

《商标法》第三十九条规定："注册商标的有效期为十年，自核准注册之日起计算。"

《商标法》第四十条规定："注册商标有效期满，需要继续使用的，商标注册人应当在期满前十二个月内按照规定办理续展手续；在此期间未能办理的，可以给予六个月的宽展期。每次续展注册的有效期为十年，自该商标上一届有效期满次日起计算。期满未办理续展手续的，注销其注册商标。

商标局应当对续展注册的商标予以公告。"

根据上述规定可知，注册商标的有效期为十年，宽展期为六个月。那么，创业者在商标宽展期内遇到侵权问题该如何做？下面结合具体案例来看。

高某大学毕业之后，看到周围的很多朋友利用业余时间做微商来赚取收益，于是她也开始从事微商美容行业。后随着生意发展，再加上多年工作经验的积累，高某掌握了专业的面膜调制方法，积累了大量客户资源。于是，高某打算创立一个属于自己的品牌。

高某很快就完成了公司注册、设备购置、原材料采购以及员工招聘等前期准备工作。新产品生产出来后，高某为新产品申请注册了商标。

由于营销工作到位,产品一经上市,就在市场上爆火。

转眼十年过去,高某被相关部门提醒注册商标到期。就在她办理续展手续的过程中,她发现自己的商标被竞争对手占用了。

高某找到竞争对手理论,对方却告诉她:"你的商标到期后没有续展,法律不会给予你保护的。"

在这个案例里,竞争对手的说法是否正确呢?根据法律规定,在宽展期限内,如果注册商标权被侵犯,商标权人是否可以诉讼维权呢?

《商标法》第五十条规定:"注册商标被撤销、被宣告无效或者期满不再续展的,自撤销、宣告无效或者注销之日起一年内,商标局对与该商标相同或者近似的商标注册申请,不予核准。"

《最高人民法院关于审理商标民事纠纷案件适用法律若干问题的解释》第五条规定:"商标注册人或者利害关系人在注册商标续展宽展期内提出续展申请,未获核准前,以他人侵犯其注册商标专用权提起诉讼的,人民法院应当受理。"

由上述法律规定可知,法院倾向于保护宽展期内的商标权人的权利。但权利人还是要在宽展期内及时办理续展手续,避免此种纠纷出现。

11.3 不得作为商标使用的标志

> **案例** 恶意抢注"火神山""雷神山"商标,公司被罚款

鲜明、个性的商标能帮助企业快速建立市场,在市场竞争中站稳脚跟。一部分企业为了快速获取知名度,会在商标方面投机取巧,取一个和知名商标近似的商标名,比如"康帅傅"。还有一些企业,会直接从社会热点中选取一些可以作为商标的词语,试图借助这些自带热度的词语来谋取利益。这种行为是否合法呢?下面结合案例来看。

2020年，在社会各界抗击新冠肺炎疫情过程中，出现了不少英雄人物和英雄事迹，比如建筑公司以"中国速度"抢建"火神山""雷神山"。这些令社会各界肃然起敬的名词，在部分人眼中却成了逐利的工具，他们将其作为商标，恶意抢注。

2020年3月起，某市市场监管局执法总队立案查处了在疫情防控期间恶意抢注"火神山""雷神山"等商标的申请人及相关代理机构。

经执法总队查证，共有7家商标申请人申请注册了"火神山""雷神山"等商标，对社会造成了不良影响。

《规范商标申请注册行为若干规定》第三条规定：

"申请商标注册应当遵循诚实信用原则。不得有下列行为：

（一）属于《商标法》第四条规定的不以使用为目的恶意申请商标注册的；

（二）属于《商标法》第十三条规定，复制、摹仿或者翻译他人驰名商标的；

（三）属于《商标法》第十五条规定，代理人、代表人未经授权申请注册被代理人或者被代表人商标的；基于合同、业务往来关系或者其他关系明知他人在先使用的商标存在而申请注册该商标的；

（四）属于《商标法》第三十二条规定，损害他人现有的在先权利或者以不正当手段抢先注册他人已经使用并有一定影响的商标的；

（五）以欺骗或者其他不正当手段申请商标注册的；

（六）其他违反诚实信用原则，违背公序良俗，或者有其他不良影响的。"

《商标法》第十条规定：

"下列标志不得作为商标使用：

（一）同中华人民共和国的国家名称、国旗、国徽、国歌、军旗、军徽、军歌、勋章等相同或者近似的，以及同中央国家机关的名称、标志、所在地特定地点的名称或者标志性建筑物的名称、图形相同的；

（二）同外国的国家名称、国旗、国徽、军旗等相同或者近似的，但经该国政府同意的除外；

（三）同政府间国际组织的名称、旗帜、徽记等相同或者近似的，但经该组织同意或者不易误导公众的除外；

（四）与表明实施控制、予以保证的官方标志、检验印记相同或者近似的，但经授权的除外；

（五）同"红十字""红新月"的名称、标志相同或者近似的；

（六）带有民族歧视性的；

（七）带有欺骗性，容易使公众对商品的质量等特点或者产地产生误认的；

（八）有害于社会主义道德风尚或者有其他不良影响的。

县级以上行政区划的地名或者公众知晓的外国地名，不得作为商标。但是，地名具有其他含义或者作为集体商标、证明商标组成部分的除外；已经注册的使用地名的商标继续有效。"

案例中的企业和机构在申请商标时，明知道申请上述商标可能造成不良影响，仍进行了申请行为，违反了《商标法》和《规范商标申请注册行为若干规定》的相关规定。最终，该市市场监管局执法总队在坚持行政处罚与教育引导相结合的原则下，对涉嫌违法的7家商标申请人予以罚款处罚，同时加强了对涉案企业的法制教育。

11.4　七种行为属于侵犯注册商标专用权 <<<

侵犯注册商标专用权判赔20万元

有这样一个案例：

黄某经合法程序，申请取得了"红杏"图文商标及文字商标，二者均在注册有效期内。后黄某将"红杏"文字商标授权给A有限责任公司独占使用。

赵某申请设立了一家餐饮店。在经营该餐饮店的过程中，赵某在装潢、菜品介绍等经营标识中均突出使用含有"红杏"字样的标识。该标识与 A 公司的"红杏"文字商标相似度极高。

黄某将赵某及其餐饮店诉至法院，主张赵某立即停止使用含有"红杏"字样的标识并更改餐饮店名称，消除此侵权行为带来的影响并赔偿相关损失 100 万元。

法院审理后认为：被告赵某及其餐饮店在经营过程中突出使用的含有"红杏"字样的标识，与原告持有的"红杏"注册商标相似度极高，易导致有关人士对餐饮服务来源产生混淆。因此，被告应当依法承担侵权责任。

法院判令被告：立即停止侵权行为；停止使用含有"红杏"字样的个体工商户字号并变更个体工商户名称，变更之后的个体工商名称不得含有与"红杏"相同或近似的文字；在电视台发布声明和在报纸上就其侵权行为刊登声明，澄清事实，以消除对原告的影响；赔偿原告经济损失（含维权的合理开支）20 万元；驳回原告的其他诉讼请求。

《商标法》第五十七条规定："有下列行为之一的，均属侵犯注册商标专用权：

（一）未经商标注册人的许可，在同一种商品上使用与其注册商标相同的商标的；

（二）未经商标注册人的许可，在同一种商品上使用与其注册商标近似的商标，或者在类似商品上使用与其注册商标相同或者近似的商标，容易导致混淆的；

（三）销售侵犯注册商标专用权的商品的；

（四）伪造、擅自制造他人注册商标标识或者销售伪造、擅自制造的注册商标标识的；

（五）未经商标注册人同意，更换其注册商标并将该更换商标的商品又投入市场的；

（六）故意为侵犯他人商标专用权行为提供便利条件，帮助他人实施侵犯商标专用权行为的；

（七）给他人的注册商标专用权造成其他损害的。"

11.5 注册商标中含有通用名称，无权禁止他人使用

> **案例** 公司注册"摩卡咖啡"，后期却无法维权

帮助消费者识别商品或服务的来源，是商标的主要功能。关于注册商标中含有通用商标的问题，《商标法》有明确规定。

《商标法》第十一条规定："下列标志不得作为商标注册：

（一）仅有本商品的通用名称、图形、型号的；

（二）仅直接表示商品的质量、主要原料、功能、用途、重量、数量及其他特点的；

（三）其他缺乏显著特征的。

前款所列标志经过使用取得显著特征，并便于识别的，可以作为商标注册。"

《商标法》第五十九条规定："注册商标中含有的本商品的通用名称、图形、型号，或者直接表示商品的质量、主要原料、功能、用途、重量、数量及其他特点，或者含有的地名，注册商标专用权人无权禁止他人正当使用。

三维标志注册商标中含有的商品自身的性质产生的形状、为获得技术效果而需有的商品形状或者使商品具有实质性价值的形状，注册商标专用权人无权禁止他人正当使用。

商标注册人申请商标注册前，他人已经在同一种商品或者类似商品上先于商标注册人使用与注册商标相同或者近似并有一定影响的商标的，注册商标专用权人无权禁止该使用人在原使用范围内继续使用该商标，但可以要求其附加适当区别标识。"

有这样一个案例：

原告摩卡公司与 A 公司及其北京分公司就商标权产生了纠纷。

摩卡公司认为自己依法享有"摩卡MOCCA""摩卡咖啡"等商标的注册商标专用权。该公司的长期经营和宣传，让"摩卡咖啡"等系列产品拥有了一定的社会知名度。而A公司及其北京分公司在其咖啡厅的菜单上使用"摩卡咖啡"字样，让消费者混淆了相关商品的来源，侵害了摩卡公司的注册商标专用权。A公司及其北京分公司辩称，"摩卡咖啡"为商品通用名称，并且其实际使用"摩卡咖啡（热饮）MOCHA"字样并非商标意义方面的使用，属于正当使用，摩卡公司无权禁止此种正当使用行为。

本案争议焦点为二被告在菜单上使用"摩卡咖啡（热饮）MOCHA"字样是否为正当使用，是否会使相关公众产生混淆或误认，从而构成对原告注册商标专用权的侵害。

判断商标侵权行为应当以在商标意义上使用相同或者近似商标为条件。本案中，二被告使用"摩卡咖啡（热饮）MOCHA"的行为并非商标意义上的使用行为。

第一，"摩卡"为咖啡品种之一，其对应的英文单词为"MOCHA"，此为"摩卡""MOCHA"的固有含义，摩卡公司虽然注册有"摩卡"系列商标，但无权禁止他人非商标性使用这些字样。

第二，如果构成商标意义上的使用，使用人主观意图及使用方式必须能够发挥商标标识的识别功能，即商标的使用人主动地体现该标识识别来源的作用；如果使用人仅为表达某一词汇的固有含义而进行使用，相关公众难以据此知晓该商品或者服务的来源，也就无法体现该标识的商标功能，此种使用方式不应认定为商标意义上的使用。

本案中，二被告在使用"摩卡咖啡（热饮）MOCHA"时均系将其作为其店铺中销售的一款咖啡饮品的名称，其在菜单上使用"摩卡咖啡（热饮）MOCHA"字样，系与其他口味咖啡进行并列展示，并无突出或显示任何与摩卡公司关联的字样，且使用该字样时在字体、字号、排列方式上均与菜单中其他饮品字体、字号、排列方式相同，该种使用方式合理且必要，未超出说明或客观描述商品的正当使用界限。二被告还在"摩卡咖啡（热饮）MOCHA"字样下方对该款饮品进行了解释说明，称该饮品为"咖啡与巧克力的搭配",告知消费者该饮品的制作原料,其使用方式不会让相关公众产生商品来源的混淆。

第三,二被告在其咖啡厅门头、菜单首页、咖啡杯身上均以显著的方式明确标明了其店铺名称,在此情况下,相关公众进入涉案咖啡厅消费时,不会认为其提供的咖啡来源于摩卡公司,亦不会误认为二被告与摩卡公司之间有特定的联系。

综上,法院判决二被告在经营的咖啡厅菜单上擅自使用"摩卡""摩卡咖啡"字样不构成侵权,驳回了原告的全部诉讼请求。

这个案例给创业者的启示是:创业者通过申请商标,能依法享有在特定商品或者类别上使用注册商标的专有权利,但无权禁止非商标意义方面的使用行为。如果他人的使用行为没有损害创业者所申请商标的识别和区分功能,没有造成市场混淆,则此使用行为不受禁止。

11.6 侵犯注册商标专用权应承担赔偿责任 <<<

> **案例** 销售侵犯注册商标专用权的商品,被判不承担赔偿责任

商标侵权指的是行为人未经商标权人同意,在相同或类似商品上使用的商标与商标权人的注册商标相同或类似,或者其他影响商标权人使用其注册商标,对商标权人的合法权益有损害的行为。

《商标法》对注册商标实施保护,它规定了七种商标侵权行为。《商标法》第五十七条规定:"有下列行为之一的,均属侵犯注册商标专用权:

(一)未经商标注册人的许可,在同一种商品上使用与其注册商标相同的商标的;

(二)未经商标注册人的许可,在同一种商品上使用与其注册商标近似的商标,或者在类似商品上使用与其注册商标相同或者近似的商标,容易导致混淆的;

(三)销售侵犯注册商标专用权的商品的;

（四）伪造、擅自制造他人注册商标标识或者销售伪造、擅自制造的注册商标标识的；

（五）未经商标注册人同意，更换其注册商标并将该更换商标的商品又投入市场的；

（六）故意为侵犯他人商标专用权行为提供便利条件，帮助他人实施侵犯商标专用权行为的；

（七）给他人的注册商标专用权造成其他损害的。"

那么，在实际经营中，若创业者被起诉商标侵权，应如何应对？下面结合一个具体案例来看。

某洗化公司主营液体洗涤剂，该公司通过合法程序拥有"巧媳妇"注册商标。

后公司意外发现某超市销售标有假冒"巧媳妇"商标的洗衣液，充分收集证据后，该公司以商标侵权为由将该超市诉至法院，要求该超市停止侵权行为并赔偿经济损失。

超市辩称，该商品系某日化商行放到超市寄售，且超市售卖完后才同该商行结账。根据《商标法》的相关规定，构成侵权行为的主体是某日化商行，因此超市拒绝承担商标侵权责任。

法院审理后认为：被告超市销售的洗衣液的外包装商标字样同原告公司享有商标专用权的商标相同，二者仅在字体和字号方面有区别，可以认定为近似商标。但被告超市并不是实施侵权行为的直接主体，故侵权和赔偿责任不应由该超市负责。

这个案例给创业者的启示是：只有熟悉《商标法》关于侵权问题的相关规定，才能应对商标侵权的问题。涉及相关情况时，创业者可以根据下面几个步骤应对。

步骤一：《商标法》第十一条规定："下列标志不得作为商标注册：

（一）仅有本商品的通用名称、图形、型号的；

（二）仅直接表示商品的质量、主要原料、功能、用途、重量、数量及其他特点的；

（三）其他缺乏显著特征的。

前款所列标志经过使用取得显著特征，并便于识别的，可以作为商标注册。"

创业者应检查注册商标是否违背该规定，如果是，商标权人无权禁止他人正当使用。

步骤二：《商标法》第二十三条规定："注册商标需要在核定使用范围之外的商品上取得商标专用权的，应当另行提出注册申请。"

根据此规定，创业者应检查己方所销售的产品或提供的服务，是否与商标权人的注册商标的核定使用范围重叠。

步骤三：着重分析己方所使用的商标与商标权人的商标是否存在构成相似的情况。

步骤四：《商标法》第四十八条规定："本法所称商标的使用，是指将商标用于商品、商品包装或者容器以及商品交易文书上，或者将商标用于广告宣传、展览以及其他商业活动中，用于识别商品来源的行为。"

根据此规定，创业者应明确己方所用的商标是否属于商标的使用，己方的使用行为是否会造成与商标权人的产品和服务混淆的情况。

步骤五：《商标法》第六十四条规定："注册商标专用权人请求赔偿，被控侵权人以注册商标专用权人未使用注册商标提出抗辩的，人民法院可以要求注册商标专用权人提供此前三年内实际使用该注册商标的证据。注册商标专用权人不能证明此前三年内实际使用过该注册商标，也不能证明因侵权行为受到其他损失的，被控侵权人不承担赔偿责任。

销售不知道是侵犯注册商标专用权的商品，能证明该商品是自己合法取得并说明提供者的，不承担赔偿责任。"

根据此规定，创业者应提供能证明不知道销售的商品侵犯他人注册商标专用权的证据，以及提供能证明该商品是合法取得的证据，同时说明提供者。

此外，创业者还应立即停止侵权行为，但不需承担赔偿责任。

11.7 认定驰名商标的情况

案例 "抖音"方便面被诉侵权

某食品有限公司在其生产、销售的干脆面产品的外包装上，突出使用了"抖音"商标，同时使用了"正式加入组织，全国抖友走起""一入抖音深似海，全国抖友贺电来"等与"抖音"关联度极高的宣传语。后该食品公司被"抖音"商标权持有者诉至法院。

本案的争议焦点为被诉侵权产品的标识是否构成对涉案注册商标权的侵害，以及被诉侵权行为是否构成不正当竞争。

法院审理后认为：原告所主张保护的涉案商标涉及计算机软件产品、信息传送以及在线社交网络服务等类别，而本案被诉侵权产品为方便食品，两者属于不同类别。故判定被告是否侵害原告注册商标权的前提，在于本案需要认定涉案商标是否为驰名商标以及是否据此进行相应的跨类保护。

法院认为，首先，涉案"抖音"商标客观上已具有较高的知名度，为公众所熟知。

依照《商标法》第十四条第一款规定："驰名商标应当根据当事人的请求，作为处理涉及商标案件需要认定的事实进行认定。认定驰名商标应当考虑下列因素：

（一）相关公众对该商标的知晓程度；

（二）该商标使用的持续时间；

（三）该商标的任何宣传工作的持续时间、程度和地理范围；

（四）该商标作为驰名商标受保护的记录；

（五）该商标驰名的其他因素。"

本案中，"抖音短视频"自推向市场后，依托于强大的技术背景和成功的商业运营，加之原告大量的宣传和推广，迅速积累了众多用户并吸引了国内外知名媒体的广泛关注。截至2018年6月，其日活用户已突破1.5亿，月活用户超过3亿，足可见"抖音短视频"已积累了极高的市场知名度，为广大消费者所熟知，具有被认定为驰名商标的事实基础。

本案具备认定驰名商标的必要性。

《商标法》第十三条规定："为相关公众所熟知的商标，持有人认为其权利受到侵害时，可以依照本法规定请求驰名商标保护。

就相同或者类似商品申请注册的商标是复制、模仿或者翻译他人未在中国注册的驰名商标，容易导致混淆的，不予注册并禁止使用。

就不相同或者不相类似商品申请注册的商标是复制、模仿或者翻译他人已经在中国注册的驰名商标，误导公众，致使该驰名商标注册人的利益可能受到损害的，不予注册并禁止使用。"

《最高人民法院关于审理涉及驰名商标保护的民事纠纷案件应用法律若干问题的解释》第九条第二款规定："足以使相关公众认为被诉商标与驰名商标具有相当程度的联系，而减弱驰名商标的显著性、贬损驰名商标的市场声誉，或者不正当利用驰名商标的市场声誉的，属于《商标法》第十三条第二款规定的'误导公众，致使该驰名商标注册人的利益可能受到损害'。"

本案中，"抖音"商标为臆造词汇，本身具有较强的显著性。被诉侵权产品使用"爱抖音"标识，其中发挥识别作用的部分为"抖音"二字，与涉案原告主张保护的"抖音"商标相同。即使就"爱抖音"标识整体而言，亦与涉案"抖音"商标高度近似。

"抖音短视频"作为一款社交娱乐软件，其受众为一般普通消费者，与被诉侵权产品的消费对象存在大量重合。被诉侵权产品使用"爱抖音"作为其产品标识并标注于显著位置，该标识实际发挥了识别产品来源的功能，消费者看到该标识即容易联想到"抖音"商标及其权利人。其行为主观上属于不正当地利用和搭载了"抖音"商标事实上所具有的强大市场声誉和市场影响力，从而达到吸引消费者关注和消费的目的；客观上亦会割裂"抖音"商标与权利人之间所建立的唯一指向性联系，进而损害原告作为"抖音"商标权利人所享有的合法权益，因而具备了依照《商标法》第十三条进行驰名商标保护的必要。

最后，本案中，由于被诉侵权行为发生时涉案"抖音"商标已实际处于驰名状态，可以获得与其知名度相对应的跨类保护。被诉侵权产品在显著位置使用"爱抖音"标识，其中完整包含了"抖音"商标，属于复制模仿原告已注册的驰名商标，误导公众，致使原告利益可能受到损害，侵犯了原告涉案"抖音"注册商标权。

综上，法院判决该食品公司停止侵权行为并赔偿商标持有者相关损失。

11.8 经营者不得将"驰名商标"字样用于广告宣传 <<<

案例 商家用"驰名商标"字样促销，被罚款10万元

汪某是一家网店的店主。因其网店生意平平，为开展促销，汪某让美工在商品宣传页面加入了"驰名商标"字样。不久后，该网店收到了当地市场监管局的通知，针对该网店擅自使用"驰名商标"字样的行为，市场监管局对其处以10万元罚款。

原来，《商标法》对"驰名商标"字样的使用有严格限制。

《商标法》第十三条规定："为相关公众所熟知的商标，持有人认为其权利受到侵害时，可以依照本法规定请求驰名商标保护。

就相同或者类似商品申请注册的商标是复制、模仿或者翻译他人未在中国注册的驰名商标，容易导致混淆的，不予注册并禁止使用。

就不相同或者不相类似商品申请注册的商标是复制、模仿或者翻译他人已经在中国注册的驰名商标，误导公众，致使该驰名商标注册人的利益可能受到损害的，不予注册并禁止使用。"

依据此规定，"驰名商标"认定程序应符合以下三个条件之一，如图11-2所示。

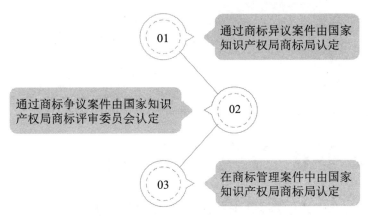

图 11-2 "驰名商标"认定程序应符合的条件

《商标法》第十四条第五款规定:"生产、经营者不得将'驰名商标'字样用于商品、商品包装或者容器上,或者用于广告宣传、展览以及其他商业活动中。"

《商标法》第五十三条规定:"违反本法第十四条第五款规定的,由地方工商行政管理部门责令改正,处以十万元罚款。"

在上述案例中,汪某的网店宣传页面擅自使用"驰名商标"字样,违反了相关规定,市场监管局依照《商标法》第五十三条的规定对其处以 10 万元罚款,是合理的。

第 12 章

《反不正当竞争法》：
找对竞争方法才能真正挫败对手

在公司发展过程中，竞争是无法避免的，但法律和道德层面都要求创业者在竞争过程中采用正当手段。本章将结合具体案例，解读《反不正当竞争法》中制约与惩罚不正当竞争手段的相关规定，帮助创业者规避不良竞争行为。

12.1 误导他人获得竞争优势

> **案例** 经营者混淆品牌误导顾客，消费者获三倍赔偿

消费者对于知名品牌会有一种天然的信赖。在实际生活中，常有经营者在宣传售卖产品时，向消费者传播误导性信息，让消费者对其品牌和拥有类似产品的大品牌产生认知混淆，从而获得竞争优势。那么，这种行为是否合法呢？下面结合具体案例来看。

某年9月，裴某到某家具店购买床垫，销售人员向他推荐了一款名为"某星家居乳胶床垫"的产品。销售人员声称，"某星家居"和"某星家纺"皆系某集团旗下品牌。裴某出于对"某星家纺"品牌的信赖购买了该产品。

裴某回家后，在销售人员所说的某集团官网上进行检索，并未发现有"某星家居"相关产品。经电话确认后，该集团客服告知裴某，二品牌并无关联。裴某遂将该家具店投诉至有关监督检查部门。

《反不正当竞争法》第六条规定："经营者不得实施下列混淆行为，引人误认为是他人商品或者与他人存在特定联系：

（一）擅自使用与他人有一定影响的商品名称、包装、装潢等相同或者近似的标识；

（二）擅自使用他人有一定影响的企业名称（包括简称、字号等）、社会组织名称（包括简称等）、姓名（包括笔名、艺名、译名等）；

（三）擅自使用他人有一定影响的域名主体部分、网站名称、网页等；

（四）其他足以引人误认为是他人商品或者与他人存在特定联系的

混淆行为。"

在这个案例中,该家具店销售的商品实际属于"某星家居"品牌,而不属于知名度更高的"某星家纺"品牌,且"某星家居"和"某星家纺"并非属于同一集团,二者之间不存在品牌关联。

但在销售时,销售人员却谎称"某星家居"与"某星家纺"系同一集团旗下品牌,违反了《反不正当竞争法》第六条的规定。裴某在销售人员的诱骗之下,出于对知名品牌"某星家纺"的信赖购买了商品。该家具店的行为构成了欺诈。

《反不正当竞争法》第十八条规定:"经营者违反本法第六条规定实施混淆行为的,由监督检查部门责令停止违法行为,没收违法商品。违法经营额五万元以上的,可以并处违法经营额五倍以下的罚款;没有违法经营额或者违法经营额不足五万元的,可以并处二十五万元以下的罚款。情节严重的,吊销营业执照。

经营者登记的企业名称违反本法第六条规定的,应当及时办理名称变更登记;名称变更前,由原企业登记机关以统一社会信用代码代替其名称。"

《消费者权益保护法》第五十五条规定:"经营者提供商品或者服务有欺诈行为的,应当按照消费者的要求增加赔偿其受到的损失,增加赔偿的金额为消费者购买商品的价款或者接受服务的费用的三倍;增加赔偿的金额不足五百元的,为五百元。法律另有规定的,依照其规定。

经营者明知商品或者服务存在缺陷,仍然向消费者提供,造成消费者或者其他受害人死亡或者健康严重损害的,受害人有权要求经营者依照本法第四十九条、第五十一条等法律规定赔偿损失,并有权要求所受损失二倍以下的惩罚性赔偿。"

在有关部门的调解下,该家具店主动依法赔偿了裴某3倍的消费金额。

12.2 模仿知名产品包装获得竞争优势

> **案例** 一字之差,品牌被判侵权违法

湖北省黄冈市中级人民法院通报过如下案例。

河北养元智汇饮品股份有限公司名下有一款知名产品,名为"六个核桃"此系该公司投入诸多资源进行开发、宣传和销售的产品。该产品被消费者认可,同时为公司带来了诸多荣誉,被当地工商局认定为知名商品。"六个核桃"的包装、装潢受法律保护。而 A 公司名下的"六个铁核桃"与"六个核桃"只有一字之差,这种情况是否违反《反不正当竞争法》呢?

《反不正当竞争法》第六条第一款第一项规定:"经营者不得实施下列混淆行为,引人误认为是他人商品或者与他人存在特定联系:

(一)擅自使用与他人有一定影响商品名称、包装、装潢等相同或者近似的标识。"

人民法院认定有一定影响商品,应当考虑该商品的销售时间、销售区域、销售额和销售对象,进行任何宣传的持续时间、程度和地域范围,作为知名商品受保护的情况等因素,进行综合判断。本案中,原告自1997 年成立以来,陆续注册了"YANGYUAN 及图""养元及图"以及"六个核桃"商标,并在植物蛋白饮料商品上使用。

特别是从 2011 年起,原告通过中央电视台、天津卫视等电视媒体陆续投放其生产的"六个核桃"产品广告,在全国范围内持续宣传,提高、保持该商品的知名度。上述产品品牌先后获"河北知名商品""消费者信赖的知名品牌"等荣誉,使用在无酒精饮料、植物饮料商品上的"六个核桃"商标先后被评为"河北省驰名商标""中国驰名商标"。原告的"六个核桃"品牌系列产品,2013 年在同行业中产销量排名前三位,2014 年居第一位,在市场相关公众中具有较高知名度。

综上,原告的"六个核桃"产品应当认定为受《反不正当竞争法》保护的有一定影响商品。该商品使用的包装纸袋、纸盒、饮料瓶的装潢均具有显著的区别特征和独创性,能起到与其他商品相区别的作用,并非相关商品所通用,而是已构成知名商品特有的包装、装潢,受法律保护。

本案中,将被诉侵权产品的包装盒与原告"六个核桃"产品对应装潢进行比对,被诉产品包装罐与原告包装盒上的文字排列顺序、字体相同,整体色调均为蓝白色,着色近似,附加的图案、整体色彩搭配、整体布局及各要素组合方式均相似,足以令一般消费者在一般注意力情况下难以识别,从而产生混淆。二者存在的细微区别,不足以消除消费者产生的整体上的近似性混淆。

涉案权利产品的包装、装潢足以使相关公众将之与养元公司的涉案权利产品联系起来,不具有识别其商品来源的作用。A 公司恶意攀附养元公司商誉,侵害竞争对手,其行为构成不正当竞争。

综上,法院判决被告 A 公司立即停止生产与河北养元智汇饮品股份有限公司"六个核桃"产品包装、装潢近似的产品的行为。

《反不正当竞争法》第二条规定:"经营者在生产经营活动中,应当遵循自愿、平等、公平、诚信的原则,遵守法律和商业道德。

本法所称的不正当竞争行为,是指经营者在生产经营活动中,违反本法规定,扰乱市场竞争秩序,损害其他经营者或者消费者的合法权益的行为。

本法所称的经营者,是指从事商品生产、经营或者提供服务(以下所称商品包括服务)的自然人、法人和非法人组织。"

经营者在销售商品的过程中,必须依法如实告知消费者商品的真实信息,避免给消费者带来不必要的损失。

12.3 贿赂他人获得竞争优势

> **案例** 回扣也属行贿受贿，只要达到一定数额，就会构成贿赂罪

由于客户资源是有限的，一部分经营者会利用各种手段对其进行争抢，其中就不乏利诱。利诱的方式多种多样，包括给回扣。那么，给回扣究竟是不是合法行为呢？回扣金额过大是否违法呢？下面结合具体案例来看。

孟某系某街道办的采购人员。某年6月，上级指派孟某为该街道办采购一批办公用品。顾某得知后，主动联系了孟某，希望孟某能从自己经营的用品厂采购，他愿按合同金额的10%给孟某回扣，孟某应允。同年7月，在孟某的操作下，某街道办从顾某的用品厂采购了价值20万元的办公用品。事后，顾某给孟某2万元回扣。

后经群众举报，有关部门就此事展开调查。

《反不正当竞争法》第七条规定：

"经营者不得采用财物或者其他手段贿赂下列单位或者个人，以谋取交易机会或者竞争优势：

（一）交易相对方的工作人员；

（二）受交易相对方委托办理相关事务的单位或者个人；

（三）利用职权或者影响力影响交易的单位或者个人。

经营者在交易活动中，可以以明示方式向交易相对方支付折扣，或者向中间人支付佣金。经营者向交易相对方支付折扣、向中间人支付佣金的，应当如实入账。接受折扣、佣金的经营者也应当如实入账。

经营者的工作人员进行贿赂的，应当认定为经营者的行为；但是，经营者有证据证明该工作人员的行为与为经营者谋取交易机会或者竞争优势无关的除外。"

在这个案例中，孟某身为街道办工作人员，利用其经手为街道办采购办公用品的职务之便，将该项业务委托给了顾某经营的用品厂。顾某则按照双方事先的约定，以合同金额 10% 计算，给孟某 2 万元回扣。此举违反了《反不正当竞争法》第七条规定。

《刑法》第三百八十五条规定："国家工作人员利用职务上的便利，索取他人财物的，或者非法收受他人财物，为他人谋取利益的，是受贿罪。

国家工作人员在经济往来中，违反国家规定，收受各种名义的回扣、手续费，归个人所有的，以受贿论处。"

《反不正当竞争法》第十九条规定："经营者违反本法第七条规定贿赂他人的，由监督检查部门没收违法所得，处十万元以上三百万元以下的罚款。情节严重的，吊销营业执照。"

根据《关于人民检察院直接受理立案侦查案件立案标准的规定》，涉嫌下列情形之一的，应予立案：

1. 个人受贿数额在 5 千元以上的；
2. 个人受贿数额不满 5 千元，但具有下列情形之一的：

（1）因受贿行为而使国家或者社会利益遭受重大损失的；

（2）故意刁难、要挟有关单位、个人，造成恶劣影响的；

（3）强行索取财物的。

孟某所拿回扣金额超出 5000 元，符合上述规定，涉嫌构成受贿罪。

这个案例启示我们：创业者在取得客户资源的过程中，要使用合理且合法的竞争手段，守信经营，公平竞争，不要越过法律的红线。

12.4　侵犯商业秘密获得竞争优势 <<<

案例 泄露商业秘密非法获利 80 万元，三人获刑

查某是 A 科技公司的技术骨干。他与牛某同期进入该公司，二人私下关系甚密。两年后，牛某辞职去南方的 B 科技公司就职。随后，牛某

联系了查某,希望查某能与其同在B科技公司工作。牛某还诱导查某,让查某再去"挖"一个技术人员过来,B科技公司会为他们提供丰厚的薪水。

于是查某联系了研发部门的骨干成员林某,林某被B科技公司许诺的丰厚薪水打动,通过非法手段取得了公司设计图纸。三人共获得回报80万元。后林某从A科技公司辞职,到B科技公司就职。

后A科技公司发现,市面上出现大量与其核心技术生产的产品相似的产品,且这些产品皆系B科技公司所出,遂怀疑机密泄露,于是向公安机关反映了此事。经专业鉴定机构鉴定,此核心技术属于A科技公司的商业秘密,此案属于涉嫌侵犯商业秘密的案件。

《反不正当竞争法》第九条规定:

"经营者不得实施下列侵犯商业秘密的行为:

(一)以盗窃、贿赂、欺诈、胁迫、电子侵入或者其他不正当手段获取权利人的商业秘密;

(二)披露、使用或者允许他人使用以前项手段获取的权利人的商业秘密;

(三)违反保密义务或者违反权利人有关保守商业秘密的要求,披露、使用或者允许他人使用其所掌握的商业秘密;

(四)教唆、引诱、帮助他人违反保密义务或者违反权利人有关保守商业秘密的要求,获取、披露、使用或者允许他人使用权利人的商业秘密。

经营者以外的其他自然人、法人和非法人组织实施前款所列违法行为的,视为侵犯商业秘密。

第三人明知或者应知商业秘密权利人的员工、前员工或者其他单位、个人实施本条第一款所列违法行为,仍获取、披露、使用或者允许他人使用该商业秘密的,视为侵犯商业秘密。

本法所称的商业秘密,是指不为公众所知悉、具有商业价值并经权利人采取相应保密措施的技术信息、经营信息等商业信息。"

公安机关在A科技公司内部进行了大量调查,发现前员工查某存在疑点:查某是V市人,在V市娶妻生子,但突然去了南方的B科技公司。

后经过公安机关做工作,查某迫于压力自首。公安机关通过查某的口供和大量调查,成功掌握了牛某、查某和林某涉嫌侵犯 A 科技公司商业秘密的证据。

《反不正当竞争法》第十七条规定:"经营者违反本法规定,给他人造成损害的,应当依法承担民事责任。

经营者的合法权益受到不正当竞争行为损害的,可以向人民法院提起诉讼。

因不正当竞争行为受到损害的经营者的赔偿数额,按照其因被侵权所受到的实际损失确定;实际损失难以计算的,按照侵权人因侵权所获得的利益确定。经营者恶意实施侵犯商业秘密行为,情节严重的,可以在按照上述方法确定数额的一倍以上五倍以下确定赔偿数额。赔偿数额还应当包括经营者为制止侵权行为所支付的合理开支。

经营者违反本法第六条、第九条规定,权利人因被侵权所受到的实际损失、侵权人因侵权所获得的利益难以确定的,由人民法院根据侵权行为的情节判决给予权利人五百万元以下的赔偿。"

《反不正当竞争法》第二十一条规定:"经营者以及其他自然人、法人和非法人组织违反本法第九条规定侵犯商业秘密的,由监督检查部门责令停止违法行为,没收违法所得,处十万元以上一百万元以下的罚款;情节严重的,处五十万元以上五百万元以下的罚款。"

《反不正当竞争法》第三十二条规定:"在侵犯商业秘密的民事审判程序中,商业秘密权利人提供初步证据,证明其已经对所主张的商业秘密采取保密措施,且合理表明商业秘密被侵犯,涉嫌侵权人应当证明权利人所主张的商业秘密不属于本法规定的商业秘密。

商业秘密权利人提供初步证据合理表明商业秘密被侵犯,且提供以下证据之一的,涉嫌侵权人应当证明其不存在侵犯商业秘密的行为:

(一)有证据表明涉嫌侵权人有渠道或者机会获取商业秘密,且其使用的信息与该商业秘密实质上相同;

(二)有证据表明商业秘密已经被涉嫌侵权人披露、使用或者有被披露、使用的风险;

(三)有其他证据表明商业秘密被涉嫌侵权人侵犯。"

《刑法》第二百一十九条规定：

"有下列侵犯商业秘密行为之一，情节严重的，处三年以下有期徒刑，并处或者单处罚金；情节特别严重的，处三年以上十年以下有期徒刑，并处罚金：

（一）以盗窃、贿赂、欺诈、胁迫、电子侵入或者其他不正当手段获取权利人的商业秘密的；

（二）披露、使用或者允许他人使用以前项手段获取的权利人的商业秘密的；

（三）违反保密义务或者违反权利人有关保守商业秘密的要求，披露、使用或者允许他人使用其所掌握的商业秘密的。

明知前款所列行为，获取、披露、使用或者允许他人使用该商业秘密的，以侵犯商业秘密论。

本条所称权利人，是指商业秘密的所有人和经商业秘密所有人许可的商业秘密使用人。"

依据上述法律规定，3人依法被判处刑罚，B科技公司的有关涉案人员也被依法惩处。

12.5 进行有奖销售不得存在的三种情形

案例 "馅饼"到手变陷阱

为了促进成交，增加成交量，部分创业者往往会采用有奖销售的方式来吸引顾客。这种方式利用了顾客占便宜的心理，比传统的打折的方式效果更好。但部分创业者却利用这种方式推销劣质产品或者在其中设置消费陷阱，货不对板、"星期产品"等现象比比皆是。小型家电、化妆品等成本低、利润高的产品，可操作的利润空间大，因此成为有奖消售的重灾区。下面结合具体案例来看。

某电商团队店铺主营的某款扫地机器人的生产厂家出现问题，为了尽快清仓，经销商让该电商团队在公众号上发布了一篇推送文章。在此篇推送文章中有一条抽奖链接，顾客百分之百能够抽中一张面值1800元的购物代金券。代金券加上推送中提供的限时折扣，顾客只要再花600元，便能购入这款智能扫地机器人。

燕某在一次浏览朋友圈时，通过此篇推送文章抽到了代金券。出于贪便宜的心理，燕某购入了这款扫地机器人。他以为自己凭低价购入了好产品，不料这台扫地机器人到手后，带给他的只有失望和后悔。

在收到该产品的第一天，燕某就觉得不对劲。当初宣传页面写明该扫地机器人可以通过手机APP操控，但是燕某下载配套APP时，发现APP已经下架，无法下载。燕某通过手动操控的方式才使用了3天，机器便出现了故障。此时他拨打说明书上的售后电话，得知该扫地机器人的生产厂家已于一年前倒闭。经销商利用抽奖的形式将一批库存尾货低价处理，这才有了现在的情况。

后燕某找到该电商团队的客服要求退款，但遭到了客服拒绝。燕某遂将该电商团队诉至当地监督检查部门。监督检查部门调查后认定该电商团队的行为违反了《反不正当竞争法》第十条规定，责令该电商团队向燕某退款并缴纳5万元罚款。

在这个案例中，经销商就是打着有奖销售的噱头，向燕某售卖了问题产品。

《反不正当竞争法》第十条规定：

"经营者进行有奖销售不得存在下列情形：

（一）所设奖的种类、兑奖条件、奖金金额或者奖品等有奖销售信息不明确，影响兑奖；

（二）采用谎称有奖或者故意让内定人员中奖的欺骗方式进行有奖销售；

（三）抽奖式的有奖销售，最高奖的金额超过五万元。"

《反不正当竞争法》第二十二条规定："经营者违反本法第十条规定进行有奖销售的，由监督检查部门责令停止违法行为，处五万元以上五十万元以下的罚款。"

这个案例给创业者的启示是：在售卖产品时，必须将产品的质量、性能、用途、有效期限等信息如实告知消费者，不得以有奖销售手段对消费者实施欺骗行为。

12.6 编造误导性信息，损害竞争对手声誉

案例 诋毁竞争对手，被罚 10 万元

竞争是创业者在开公司过程中必须面对的事。竞争手段多种多样，但并不是每一种竞争手段都是合法的。创业者必须采用正面手段依法与对手竞争。那么，哪些竞争手段是法律禁止的呢？下面结合具体案例来看。

陈某是一家食品有限公司的法定代表人。其食品公司主营业务是销售原切牛排和葡萄酒等食品，主要销售渠道是淘宝、抖音、微信小程序等电商平台。为了带货，陈某经常在社交平台发布各类牛排、红酒的测评。凭借幽默的风格和专业的测评，陈某迅速拥有了大量粉丝，产品的销量也飞速增长。

某年 8 月，某市市场监管局突然要对陈某进行调查。经了解，原来是陈某在某期测评合成牛排的视频中，采用大量负面语言点评了某款产品，给这款合成牛排厂家带来了极大负面影响，被该产品的厂家举报。

测评视频中的画面表明，陈某点评的合成牛排乃举报人的商品，该合成牛排的配料表中含有牛肉、卡拉胶、高粱红等添加剂。但是举报人使用这些添加剂是符合国家相关标准的，陈某在不了解相关规定的情况下，在该视频中使用了"不敢吃""添加剂有害"等用语，造成消费者对此合成牛排安全性的误解，也损害了举报人的商业信誉及商品声誉。

《反不正当竞争法》第十一条规定："经营者不得编造、传播虚假信息或者误导性信息，损害竞争对手的商业信誉、商品声誉。"

陈某的行为违反了《反不正当竞争法》第十一条的规定，属于不正当竞争行为。

《反不正当竞争法》第十六条规定："对涉嫌不正当竞争行为，任何单位和个人有权向监督检查部门举报，监督检查部门接到举报后应当依法及时处理。

监督检查部门应当向社会公开受理举报的电话、信箱或者电子邮件地址，并为举报人保密。对实名举报并提供相关事实和证据的，监督检查部门应当将处理结果告知举报人。"

因此，举报人将陈某举报至某市市场监管部门，符合法律规定。

《反不正当竞争法》第二十三条规定："经营者违反本法第十一条规定损害竞争对手商业信誉、商品声誉的，由监督检查部门责令停止违法行为、消除影响，处十万元以上五十万元以下的罚款；情节严重的，处五十万元以上三百万元以下的罚款。"

根据此法，市场监管部门责令陈某停止违法行为并消除影响，对陈某处以罚款人民币 10 万元。在市场竞争中，尤其是同行业的竞争中，创业者应当通过努力，建立、维护自己的商业信誉、商品声誉，以取得消费者信任，赢得更多的交易机会和竞争优势，而非编造、传播虚假信息损害竞争对手的商业信誉、商品声誉，干扰消费者的正常交易选择，扰乱市场竞争秩序。

12.7 利用技术手段，影响用户选择 <<<

案例 外卖平台强制商家"二选一"，违反公平竞争原则

《消费者权益保护法》第九条规定："消费者享有自主选择商品或者服务的权利。

消费者有权自主选择提供商品或者服务的经营者，自主选择商品品种或者服务方式，自主决定购买或者不购买任何一种商品、接受或者不接受任何一项服务。

消费者在自主选择商品或者服务时，有权进行比较、鉴别和挑选。"

由此条规定可以看出，法律赋予消费者自主选择权。但是在商业竞争中，不乏经营者利用技术手段，影响用户选择的现象。下面结合一个具体案例来看。

李某是某快餐店的老板。为了增加收入，该快餐店同时入驻了A、B两家外卖平台。某年年初，B外卖平台的业务员联系了李某，要求李某将快餐店从A外卖平台下架，只入驻B外卖平台，并要求李某签署独家协议。

李某认为，自己只想好好做生意，而且B外卖平台订单量较少，所以拒绝了B外卖平台业务员的要求。没想到，业务员威胁李某，表示如果李某不从A外卖平台下架，将强制把其从B外卖平台下架。没过多久，李某的快餐店果真被B外卖平台强制下架了。后李某多次找B外卖平台维权，皆无果。走投无路的李某选择将B外卖平台投诉至市场监管局。

同年5月，市场监管局依法对B外卖平台进行了检查。经市场监管局查证，发现B外卖平台通过降低服务费和配送费等方式，强制商家独家入驻。若个别商家不予配合，则B外卖平台就会在无充分事实认定的情况下，以不符合食品安全管理规定为借口强制商家下架。

《反不正当竞争法》第二条规定："经营者在生产经营活动中，应当遵循自愿、平等、公平、诚信的原则，遵守法律和商业道德。

本法所称的不正当竞争行为，是指经营者在生产经营活动中，违反本法规定，扰乱市场竞争秩序，损害其他经营者或者消费者的合法权益的行为。

本法所称的经营者，是指从事商品生产、经营或者提供服务（以下所称商品包括服务）的自然人、法人和非法人组织。"

《反不正当竞争法》第十二条规定："经营者利用网络从事生产经

营活动，应当遵守本法的各项规定。

经营者不得利用技术手段，通过影响用户选择或者其他方式，实施下列妨碍、破坏其他经营者合法提供的网络产品或者服务正常运行的行为：

（一）未经其他经营者同意，在其合法提供的网络产品或者服务中，插入链接、强制进行目标跳转；

（二）误导、欺骗、强迫用户修改、关闭、卸载其他经营者合法提供的网络产品或者服务；

（三）恶意对其他经营者合法提供的网络产品或者服务实施不兼容；

（四）其他妨碍、破坏其他经营者合法提供的网络产品或者服务正常运行的行为。"

B外卖平台利用技术手段，强制商家"二选一"，给其他经营者与消费者造成了损失，违反了上述规定。

《反不正当竞争法》第十七条规定："经营者违反本法规定，给他人造成损害的，应当依法承担民事责任。

经营者的合法权益受到不正当竞争行为损害的，可以向人民法院提起诉讼。

因不正当竞争行为受到损害的经营者的赔偿数额，按照其因被侵权所受到的实际损失确定；实际损失难以计算的，按照侵权人因侵权所获得的利益确定。经营者恶意实施侵犯商业秘密行为，情节严重的，可以在按照上述方法确定数额的一倍以上五倍以下确定赔偿数额。赔偿数额还应当包括经营者为制止侵权行为所支付的合理开支。

经营者违反本法第六条、第九条规定，权利人因被侵权所受到的实际损失、侵权人因侵权所获得的利益难以确定的，由人民法院根据侵权行为的情节判决给予权利人五百万元以下的赔偿。"

《反不正当竞争法》第二十四条规定："经营者违反本法第十二条规定妨碍、破坏其他经营者合法提供的网络产品或者服务正常运行的，由监督检查部门责令停止违法行为，处十万元以上五十万元以下的罚款；情节严重的，处五十万元以上三百万元以下的罚款。"

依据上述规定，市场监管局依法责令B外卖平台停止违法行为并处以 10 万元罚款。

这个案例给创业者的启示是：市场经济的基本原则是公平竞争，企业想赢得消费者的信任，应努力提高自身服务质量，与其他企业依法进行良性竞争。如果创业者遇到其他经营者违反公平竞争原则的情况，可以向相关部门投诉举报，积极维护自己的合法权益。

12.8 虚构成交额获得竞争优势

> **案例** 夫妻网店刷单虚构 56.8 万元成交额，被罚 40 万元

A 与 B 是一对夫妻，二人以名下公司的名义在某线上平台开设了网店。为了提高销量与信用度，二人雇用了一批刷单人员，为其提供购买网店商品的费用。刷单人员不会收到真实货物，而是收到店主邮寄的低价值小礼物，收到后刷单人员填写虚假好评，再将货款返给店主，店主则为其提供佣金。

依靠这种刷单方式，该网店在一个季度内虚构了 56.8 万元的成交额。后监督检查部门接到举报，调查此事，确定该网店的虚构成交额行为属实，对该网店处以 40 万元罚款。

那么，店铺刷单违反了哪些规定呢？

《反不正当竞争法》第八条规定："经营者不得对其商品的性能、功能、质量、销售状况、用户评价、曾获荣誉等作虚假或者引人误解的商业宣传，欺骗、误导消费者。

经营者不得通过组织虚假交易等方式，帮助其他经营者进行虚假或者引人误解的商业宣传。"

《反不正当竞争法》第二十条规定："经营者违反本法第八条规定对其商品作虚假或者引人误解的商业宣传，或者通过组织虚假交易等方式帮助其他经营者进行虚假或者引人误解的商业宣传的，由监督检查部

门责令停止违法行为,处二十万元以上一百万元以下的罚款;情节严重的,处一百万元以上二百万元以下的罚款,可以吊销营业执照。

经营者违反本法第八条规定,属于发布虚假广告的,依照《中华人民共和国广告法》的规定处罚。"

该网店为吸引顾客和提高销量,以不正当手段对销量与成交额造假,违背了诚实信用原则,构成不正当竞争,违反了《反不正当竞争法》第八条的规定。监督检查部门依照《反不正当竞争法》第二十条规定对其做出罚款40万元的处理,是符合法律规定的。

第13章

《民法典》——担保：
公司债权有保证，业务关系才能稳定长久

资金周转问题是企业运营过程中司空见惯的问题，借贷是企业运营过程中常用的解决这一问题的方法。而担保的意义就在于更好地督促债务人履行其债务，为债权人的债权提供保障。本章将结合具体案例对《民法典》中关于担保部分的规定进行解释，帮助创业者规避签订担保合同的风险。

13.1 担保合同是主合同的从合同

> **案例** 主合同无效，担保人是否应该担责？

担保合同是由债权人、债务人和担保人三方经协商而形成的协议。担保合同是主借贷合同的从合同。当主合同失效时，作为从合同的担保合同是否还有效呢？下面结合一个具体案例来看。

张某为某网贷公司的员工，从事信贷业务。张某劝说友人刘某将一笔资金存入该公司。刘某与该公司签订了出借合同，约定该公司于一年后一次性将本金和收益偿清。同日，张某为刘某出具书面担保协议，若一年后该公司无法按期还款，将由张某承担担保责任。

合同到期后，该公司未能清偿本息，刘某遂将张某诉至法院。

法院审理后认为：该网贷公司与刘某签订的合同属于变相吸收他人资金用于借贷，该公司的行为违反了相关法律规定，因此主合同属于无效合同。

《民法典》第三百八十八条规定："设立担保物权，应当依照本法和其他法律的规定订立担保合同。担保合同包括抵押合同、质押合同和其他具有担保功能的合同。担保合同是主债权债务合同的从合同。主债权债务合同无效的，担保合同无效，但是法律另有规定的除外。

担保合同被确认无效后，债务人、担保人、债权人有过错的，应当根据其过错各自承担相应的民事责任。"

《最高人民法院关于适用〈中华人民共和国民法典〉有关担保制度的解释》第十七条规定："主合同有效而第三人提供的担保合同无效，人民法院应当区分不同情形确定担保人的赔偿责任：

（一）债权人与担保人均有过错的，担保人承担的赔偿责任不应超过债务人不能清偿部分的二分之一；

（二）担保人有过错而债权人无过错的，担保人对债务人不能清偿的部分承担赔偿责任；

（三）债权人有过错而担保人无过错的，担保人不承担赔偿责任。

主合同无效导致第三人提供的担保合同无效，担保人无过错的，不承担赔偿责任；担保人有过错的，其承担的赔偿责任不应超过债务人不能清偿部分的三分之一。"

根据上述规定，在因主合同无效而导致担保合同无效的情况下，担保人承担赔偿责任与否要具体看其是否存在过错。

2018年4月，银保监会、公安部、国家市场监督管理总局、中国人民银行联合下发《关于规范民间借贷行为，维护经济金融秩序有关事项的通知》，其第四条规定："民间借贷活动必须严格遵守国家法律法规的有关规定，遵循自愿互助、诚实信用的原则。民间借贷中，出借人的资金必须是其合法收入的自有资金，禁止吸收或变相吸收他人资金用于借贷。"

被告张某明知该借款合同违反相关规定，仍为公司提供担保，应当承担责任。

13.2 担保人需具有代为清偿债务能力

案例 担保人突然失去了担保能力，签订的担保合同有效吗？

我们团队遇到过这样一个咨询：徐某开了一家咖啡厅。咖啡厅开业前，徐某向宋某借款100万元作为运营资本，二人依法签订了借款合同。二人的共同好友B公司法定代表人何某作为该借款担保人，以其个人名义担保，三人签订了担保合同。

后徐某的咖啡厅因经营不善关门歇业，徐某无力及时偿还宋某的欠款。

《民法典》第六百八十一条规定："保证合同是为保障债权的实现，保证人和债权人约定，当债务人不履行到期债务或者发生当事人约定的情形时，保证人履行债务或者承担责任的合同。"

《民法典》第六百八十七条规定："当事人在担保合同中约定，债务人不能履行债务时，由保证人承担保证责任的，为一般保证。

一般保证的保证人在主合同纠纷未经审判或者仲裁，并就债务人财产依法强制执行仍不能履行债务前，有权拒绝向债权人承担保证责任，但是有下列情形之一的除外：

（一）债务人下落不明，且无财产可供执行；

（二）人民法院已经受理债务人破产案件；

（三）债权人有证据证明债务人的财产不足以履行全部债务或者丧失履行债务能力；

（四）保证人书面表示放弃本款规定的权利。"

由于徐某无法及时偿还欠款，宋某依法要求何某承担责任，但不料因疫情原因，B公司破产，何某负债近百万元，也无偿还能力。

宋某向我们咨询：何某、徐某失去偿还能力，那么他们签订的担保合同是否还具有法律效力。担保合同无效的情况，有如下几种。

《最高人民法院关于适用〈中华人民共和国民法典〉有关担保制度的解释》第五条规定："机关法人提供担保的，人民法院应当认定担保合同无效，但是经国务院批准为使用外国政府或者国际经济组织贷款进行转贷的除外。

居民委员会、村民委员会提供担保的，人民法院应当认定担保合同无效，但是依法代行村集体经济组织职能的村民委员会，依照村民委员会组织法规定的讨论决定程序对外提供担保的除外。"

第六条规定：

"以公益为目的的非营利性学校、幼儿园、医疗机构、养老机构等提供担保的，人民法院应当认定担保合同无效，但是有下列情形之一的除外：

（一）在购入或者以融资租赁方式承租教育设施、医疗卫生设施、养老服务设施和其他公益设施时，出卖人、出租人为担保价款或者租金实现而在该公益设施上保留所有权；

（二）以教育设施、医疗卫生设施、养老服务设施和其他公益设施以外的不动产、动产或者财产权利设立担保物权。

登记为营利法人的学校、幼儿园、医疗机构、养老机构等提供担保，当事人以其不具有担保资格为由主张担保合同无效的，人民法院不予支持。"

第八条规定："有下列情形之一，公司以其未依照《公司法》关于公司对外担保的规定作出决议为由主张不承担担保责任的，人民法院不予支持：

（一）金融机构开立保函或者担保公司提供担保；

（二）公司为其全资子公司开展经营活动提供担保；

（三）担保合同系由单独或者共同持有公司三分之二以上对担保事项有表决权的股东签字同意。

上市公司对外提供担保，不适用前款第二项、第三项的规定。"

第十一条第一款规定："公司的分支机构未经公司股东（大）会或者董事会决议以自己的名义对外提供担保，相对人请求公司或者其分支机构承担担保责任的，人民法院不予支持，但是相对人不知道且不应当知道分支机构对外提供担保未经公司决议程序的除外。"

由此可知，如果不属于担保无效的情况，担保人于订立合同时有清偿能力，之后失去清偿能力，依然要承担担保责任。

13.3　未经担保人同意变更主合同

> **案例** 债权转让不属于债权变更，担保人不得主张免责

在债权转让过程中，变更的只有债权人，但债权内容并未变化，因而债权效力不因债权转让而改变。但债权变更则不同。债权变更是对债权债务的内容进行变更，对债权的效力有直接影响。债权转让与债权变

更的意义相差甚远，债权经担保人同意后进行转让的，担保人不得主张免责。

这两个概念的区别是创业者必须要了解的，一旦混淆可能会产生严重的后果。下面结合具体案例来看一下。

牛某向A公司借款50万元，双方签订了借款合同。同日，A公司与牛某、沈某签订了担保合同，约定由沈某做担保人，对债务承担连带还款责任。担保合同中约定，此合同生效后，借贷双方如果要变更主合同的有关条款，必须征得担保人同意。

后A公司以书面形式征得沈某同意后，与齐某签订了债权转让协议，并通知了牛某。

《民法典》第六百八十八条规定："当事人在保证合同中约定保证人和债务人对债务承担连带责任的，为连带责任保证。

连带责任保证的债务人不履行到期债务或者发生当事人约定的情形时，债权人可以请求债务人履行债务，也可以请求保证人在其保证范围内承担保证责任。"

因牛某不及时还款，齐某向法院提起诉讼，申请法院判令牛某还本付息，沈某承担连带清偿责任。沈某主张债权人已经变更，自己无须承担责任。

那么在上述案例中，沈某到底应不应该承担担保责任呢？答案是应该。

沈某拒绝承担责任，是因为他混淆了债权变更与债权转让这两个法律概念。

上述案例给创业者的启示有如下几点。

1. 转移债务需经担保人书面同意

《民法典》第三百九十一条规定："第三人提供担保，未经其书面同意，债权人允许债务人转移全部或者部分债务的，担保人不再承担相应的担保责任。"

2. 债权转让必须通知担保人

《民法典》第六百九十六条规定:"债权人转让全部或者部分债权,未通知保证人的,该转让对保证人不发生效力。

保证人与债权人约定禁止债权转让,债权人未经保证人书面同意转让债权的,保证人对受让人不再承担保证责任。"

3. 担保人应当区分债权转让与债权变更的概念

如果创业者作为担保人,在不清楚二者概念的情况下同意债权变更,便极有可能要承担更重的担保责任。如果担保合同主要条款发生变更,作为担保人,创业者必须仔细审查变更内容,防止债权人在合同中混淆相关内容,加重自己的负担。

13.4 保证人有权向债务人追偿

> **案例** 债务人向保证人还款还需支付利息吗?

A 与 B 签订了借款合同。合同中约定:B 向 A 借款 100 万元,一年后到期,一次性清偿本息,利率标准为 5%(年化);若 B 逾期还款,逾期利率为 10%(年化)。

而后 A、B 和 C 签订了保证合同。合同中约定:C 对该借款承担连带保证责任;若 B 未按约定还款,C 有权在承担保证责任后向 B 追偿。合同签订后,A 向 B 交付借款 100 万元。后因 B 逾期还款,C 向 A 偿还 105 万元。后 C 多次催款,B 拒绝履行还款义务。C 将 B 诉至法院,请求判令 B 向 C 偿还代偿款 105 万元。除此之外,C 还主张,B 应以 105 万元为基数,按年利率 15% 支付给 C 代偿款利息损失。B 拒绝偿还 C 代偿款利息损失。

上述案例的争议之处在于，债务人向保证人还款时，是否需支付利息。

《民法典》第七百条规定："保证人承担保证责任后，除当事人另有约定外，有权在其承担保证责任的范围内向债务人追偿，享有债权人对债务人的权利，但是不得损害债权人的利益。"

由上述规定可知，行使追偿权是法律赋予保证人的权利。在保证人承担保证责任的前提下，其有权在其承担保证责任的范围内向债务人追偿。

保证人所承担的保证责任的范围，以为主债务人带来的利益为限。故而保证人行使追偿权的范围，如图13-1所示。

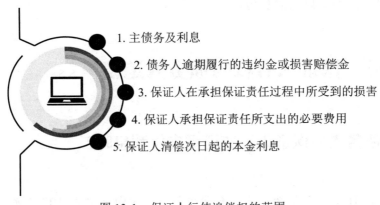

图13-1　保证人行使追偿权的范围

在这个案例中，B违背了信用原则，导致主债务形成，因此C要求偿还代偿款利息能够得到支持。

13.5　分支机构擅自订立的担保合同无效 <<<

案例　未经总公司允许分公司提供保证，担保合同无效

贾某是A集团某分公司的负责人，因公司资金周转出现问题，贾某

以个人名义向吕某借款 2100 万元，A 集团某分公司提供连带担保。贾某与吕某及 A 集团某分公司签订了担保合同。

因贾某到期未偿还借款，吕某向法院起诉，主张贾某偿还借款本金 2100 万元及利息，A 集团、A 集团某分公司承担连带清偿责任。

上述案例的争议点在于，A 集团某分公司提供的担保是否有效，以及 A 集团是否应该承担连带责任。

1. A 集团某分公司提供的担保无效

《最高人民法院关于适用〈中华人民共和国民法典〉有关担保制度的解释》第十一条第一款规定："公司的分支机构未经公司股东（大）会或者董事会决议以自己的名义对外提供担保，相对人请求公司或者其分支机构承担担保责任的，人民法院不予支持，但是相对人不知道且不应当知道分支机构对外提供担保未经公司决议程序的除外。"

此案例中，由于 A 集团某分公司为贾某提供连带担保时，未通知也未征得 A 集团的授权同意，根据上述规定，此担保合同无效。

2. A 集团应按过错承担责任

《民法典》第三百八十八条规定："设立担保物权，应当依照本法和其他法律的规定订立担保合同。担保合同包括抵押合同、质押合同和其他具有担保功能的合同。担保合同是主债权债务合同的从合同。主债权债务合同无效的，担保合同无效，但是法律另有规定的除外。

担保合同被确认无效后，债务人、担保人、债权人有过错的，应当根据其过错各自承担相应的民事责任。"

《最高人民法院关于适用〈中华人民共和国民法典〉有关担保制度的解释》第十七条规定："主合同有效而第三人提供的担保合同无效，人民法院应当区分不同情形确定担保人的赔偿责任：

（一）债权人与担保人均有过错的，担保人承担的赔偿责任不应超过债务人不能清偿部分的二分之一；

（二）担保人有过错而债权人无过错的，担保人对债务人不能清偿的部分承担赔偿责任；

（三）债权人有过错而担保人无过错的，担保人不承担赔偿责任。

主合同无效导致第三人提供的担保合同无效，担保人无过错的，不承担赔偿责任；担保人有过错的，其承担的赔偿责任不应超过债务人不能清偿部分的三分之一。"

因A集团某分公司是A集团的分公司，分公司不具备独立法人资格，故A集团应对A集团某分公司的债务承担赔偿责任。

造成担保合同无效的原因有两点：一是吕某签订合同时未尽到审慎注意的义务；二是A集团某分公司管理不善，未经A集团书面授权便提供担保。

由于双方都存在过错，依据《最高人民法院关于适用〈中华人民共和国民法典〉有关担保制度的解释》第十七条第一款规定，法院认定A集团某分公司应承担不应超过债务人不能清偿部分的二分之一的赔偿责任。

13.6 抵押财产应办理抵押物登记

案例 未办理抵押登记，抵押合同仍有效

很多创业者错误地认为，不动产抵押合同没有办理抵押权登记，就等同于无效。实际上它依然有效，只不过效力受到了限定。

我们曾处理过这样一个案例：唐某系A公司的法定代表人。某年12月，唐某找到侯某，与其签订了借款协议，协议中约定：唐某向侯某借款人民币500万元，作为抵押，唐某向侯某提供A公司某块用地的《国有土地使用证》。随后，唐某将《国有土地使用证》交付侯某持有，但双方没有办理抵押登记。

因唐某未偿还借款本息，侯某向法院起诉，主张三点诉讼请求：一是唐某偿还借款500万元及利息；二是A公司在抵押财产范围内承担连带清偿责任；三是侯某对该抵押财产享有优先受偿权。

法院一审判决支持了侯某前两点诉讼请求，但未支持第三点主张。A 公司不服从判决，继续上诉，二审判决驳回 A 公司的上诉，维持原判。

A 公司坚持上诉的原因在于，依据《民法典》第二百零八条规定，其涉案的抵押财产没有办理抵押登记，不具备有效抵押权，因此不应当承担担保责任，侯某不能主张优先受偿。

而法院判决的依据有三点：

（1）《民法典》第二百一十五条规定："当事人之间订立有关设立、变更、转让和消灭不动产物权的合同，除法律另有规定或者当事人另有约定外，自合同成立时生效；未办理物权登记的，不影响合同效力。"

（2）《民法典》第三百八十六条规定："担保物权人在债务人不履行到期债务或者发生当事人约定的实现担保物权的情形，依法享有就担保财产优先受偿的权利，但是法律另有规定的除外。"

（3）《民法典》第四百零二条规定："以本法第三百九十五条第一款第一项至第三项规定的财产或者第五项规定的正在建造的建筑物抵押的，应当办理抵押登记。抵押权自登记时设立。"

当不动产抵押合同成立，但抵押权人和债权人未办理抵押登记，未设立抵押权时，债权人可以主张抵押人在抵押财产的范围内承担连带清偿责任，但无权就抵押物主张优先受偿。

13.7　抵押权不得与债权分离 <<<

> **案例** 债权人非抵押权人，如何就抵押物优先受偿？

我们办理过这样一个案件：相某、姜某因创业资金不足，共同向贾某借款。三人签订了抵押借款合同。合同中约定：借款人相某、姜某将一套房产抵押给贾某，抵押借款合计 260 万元。合同中还约定了期限、利息、违约金条款和抵押担保的范围等内容。

贾某依约履行了出借义务后，由于其身在国外不便办理房产抵押登记，便征得双方同意，在杨某名下登记了房屋抵押。后借款期限已过，相某、姜某并未按照约定清偿借款本息。贾某认为二人行为构成违约，便同抵押权人杨某共同向法院主张实现担保物权，要求将抵押房屋拍卖，所得价款由贾某优先受偿。

相某、姜某就其主张提出两点异议：第一点是借款合同的出借人为贾某，合同中并未出现杨某的名字。杨某系抵押权人而非出借人，相某、姜某并不拖欠杨某款项，双方不存在借贷关系。

第二点是登记的抵押权人是杨某而非贾某，贾某不能主张实现担保物权。

法院审查后认为：本案中贾某与相某、姜某签订的借款合同中的出借人为贾某，合同中虽然约定以相某名下涉案房屋设定抵押以担保相某、姜某偿还全部本息，但涉案房屋登记的抵押权人并非贾某。现相某、姜某对贾某主张抵押权提出异议，本院不能确定贾某对涉案房屋享有抵押权，故贾某、杨某的申请本院不予准许。贾某可另行提起诉讼。综上，判决驳回申请人贾某、杨某的申请。

贾某在申请被驳回后，向法院补充提交了与杨某订立的2份债权转让协议及通知债务人相某、姜某的证据材料，表明办理抵押登记时自己身在国外，出于不便就委托相某、姜某将抵押权登记在杨某名下。为便于贾某诉讼维权，贾某与杨某先签订了一份将债权转让给杨某的债权转让协议，而后两人又签订了将该债权及抵押权一并转让给贾某的债权转让协议，并通知了债务人。因此，杨某申请将原相某、姜某案的申请执行人变更为贾某。

法院审查后认为：杨某与贾某签订的2份债权转让协议，系双方真实意思表示，且已通知债务人，证据充分，理由正当，符合法律规定，现对杨某申请变更贾某为执行案件的申请执行人的请求应予以支持。综上，判定该案件的申请执行人变更为贾某。

后法院依法将涉案房屋拍卖，申请人贾某在抵押登记范围内优先受偿了拍卖款。

《民法典》第四百零七条规定："抵押权不得与债权分离而单独转让或者作为其他债权的担保。债权转让的，担保该债权的抵押权一并转让，但是法律另有规定或者当事人另有约定的除外。"

抵押权是担保物权的一种，其存在意义在于实现担保债权。因此抵押权必须从属于所担保的债权，它与其所担保债权的发生、转移及消灭状况息息相关。因此，同一交易行为中的抵押权与债权是不能分离的。

此外，《民法典》第四百零二条规定："以本法第三百九十五条第一款第一项至第三项规定的财产或者第五项规定的正在建造的建筑物抵押的，应当办理抵押登记。抵押权自登记时设立。"

结合上述规定与抵押权的从属性可知，当债权人未办理抵押登记时，不享有抵押权；当债权人将抵押权登记在第三方名下时，将承担无法实现抵押权的风险。

那么，当债权与抵押权分离时，创业者想优先受偿抵押物，可以怎样做呢？如图13-2所示。

图 13-2　债权与抵押权分离时，优先受偿抵押物的做法

1. 抵押权委托行使

《民法典》第九百二十五条规定："受托人以自己的名义，在委托人的授权范围内与第三人订立的合同，第三人在订立合同时知道受托人与委托人之间的代理关系的，该合同直接约束委托人和第三人；但是，有确切证据证明该合同只约束受托人和第三人的除外。"

根据该条规定，债权人若不想分离债权与抵押权，可以直接与第三方平台签订委托合同，授权第三方平台代为行使抵押权。

2. 约定抵押权转让

根据上文《民法典》第四百零七条规定，虽然《民法典》坚持抵押权的从属性，但也写明"但是法律另有规定或者当事人另有约定的除外"。利用此规定，为保证实现债权，债权人借款人与第三方可在借款协议中约定，虽不动产登记在第三方名下，但抵押权由债权人享有。

3. 债权转让

如上述案例中杨某的做法，以债权转让的方式令抵押权人与债权人身份一致，这也是解决此类问题的有效方法。

13.8 抵押人转让抵押物应通知抵押权人 <<<

 已设定抵押权的房产可否转让？

温某因创业需要，在梁某处购买了一套底商房产。梁某与温某签订了一份转让合同，合同约定梁某将其名下的房屋产权转让给温某。双方约定梁某将在温某支付完购房款后协助温某办理过户登记手续。温某按约定向梁某支付了全部购房款，梁某将房产证交付给温某。但交款后，梁某却未依照合同约定协助温某办理过户手续。

温某多次找梁某处理此事，但梁某始终回避。后温某得知，梁某所转让房产目前在银行抵押按揭，其购房贷款尚未还清。

在这个案例中，梁某通过按揭方式购房。银行代替梁某支付了部分购房款项，因而享有对梁某所购房产的抵押权。按揭买房要求梁某必须按期还款，若梁某拖欠按揭款，依据《民法典》第四百一十条的规定："债务人不履行到期债务或者发生当事人约定的实现抵押权的情形，抵押权人可以与抵押人协议以抵押财产折价或者以拍卖、变卖该抵押财产所得的价款优先受偿。协议损害其他债权人利益的，其他债权人可以请求人民法院撤销该协议。

抵押权人与抵押人未就抵押权实现方式达成协议的，抵押权人可以请求人民法院拍卖、变卖抵押财产。

抵押财产折价或者变卖的，应当参照市场价格。"银行可依法行使抵押权，将房产拍卖或变卖，以此清偿债务。

梁某转让给温某的房产目前处于抵押按揭期，尚有购房贷款未还清，该房产的抵押权在银行手中。本案的争议焦点在于，对于已经设定抵押权的房产，抵押人是否能够在抵押期间进行转让呢？若转让，其法律效力如何？

《民法典》第四百零六条规定："抵押期间，抵押人可以转让抵押财产。当事人另有约定的，按照其约定。抵押财产转让的，抵押权不受影响。

抵押人转让抵押财产的，应当及时通知抵押权人。抵押权人能够证明抵押财产转让可能损害抵押权的，可以请求抵押人将转让所得的价款向抵押权人提前清偿债务或者提存。转让的价款超过债权数额的部分归抵押人所有，不足部分由债务人清偿。"

根据上述规定，梁某可以在抵押期间转让房产，但必须提前告知银行。现因该房产抵押权仍属于银行，在该抵押权解除之前，梁某无法协助温某办理房产过户登记。温某可以起诉要求梁某继续履行协助办理过户登记的合同义务或者解除合同，要求梁某返还购房款并赔偿其损失。

此外，关于抵押权，创业者还需了解两点内容。

一是抵押权的定义。参照《民法典》第三百九十四条的规定："为担保债务的履行，债务人或者第三人不转移财产的占有，将该财产抵押给债权人的，债务人不履行到期债务或者发生当事人约定的实现抵押权的情形，债权人有权就该财产优先受偿。

前款规定的债务人或者第三人为抵押人，债权人为抵押权人，提供担保的财产为抵押财产。"

二是抵押财产的范围。参照《民法典》第三百九十五条的规定："债务人或者第三人有权处分的下列财产可以抵押：

（一）建筑物和其他土地附着物；

（二）建设用地使用权；

（三）海域使用权；

（四）生产设备、原材料、半成品、产品；

（五）正在建造的建筑物、船舶、航空器；

（六）交通运输工具；

（七）法律、行政法规未禁止抵押的其他财产。

抵押人可以将前款所列财产一并抵押。"

只有了解基本的抵押权法律知识，创业者才能规避在为交易设立抵押权时的法律风险，提升经营交易的安全保障性，促使业务健康、稳定发展。

13.9 股票出质后，不得转让 <<<

案例 标的股权被质押，受让人能否拒付转让款？

我们团队曾接受过这样的咨询：A 和 B 为某公司的股东，二人各持股 50%。A 由于个人原因向 C 借款，将其持有的全部股权质押给 C 并办理了股权质押登记。A 又与 D 签订了股权转让协议。协议中约定：A 将其持有的某公司 50% 股份转让给 D，总价 300 万元；D 在协议签订后 15 个工作日内支付 250 万元转让款；A 在收到转让款后将股权过户给 D。

但 D 仅向 A 支付了 205 万元转让款。A 遂将 D 诉至法院，主张 D 支付剩余 95 万元转让款，同时支付违约金 28.5 万元。

D 辩称，A 未征得其同意，将标的股权擅自质押给 C。A 收到股权转让款后未用于清偿债务，使股权仍处于质押状态。若 D 在此情况下支付全部转让款，将面临无法取得股权的风险。故 D 主张要求行使不安抗辩权，中止履行协议。

本案的争议焦点在于，D 是否应支付股权转让款和违约金。

《民法典》第四百四十三条规定："以基金份额、股权出质的，质权自办理出质登记时设立。

基金份额、股权出质后，不得转让，但是出质人与质权人协商同意的除外。出质人转让基金份额、股权所得的价款，应当向质权人提前清偿债务或者提存。"

在上述案例中，D 在与 A 订立合同时已经知晓股权被质押；依照 A、D 签订的转让协议，若 D 未支付完 250 万元转让款，A 就没有将股权过户给 D 的义务。故 D 无权拒付转让款。

13.10　数个抵押权的清偿顺序 <<<

案例 同一房产抵押给不同人，清偿顺序如何确定？

同一房产上设定不同的抵押，在实现抵押权时，房产抵押顺序如何确定？要回答这个问题，我们先来看一个案例。

A 和 B 系夫妻，二人以按揭方式购买了一套房产，各占 50% 的份额。夫妻二人在银行办理了抵押贷款与抵押登记。

后两人创办了一家公司，但创业不久后，因资金周转困难，无奈之下 A、B 将此房产抵押给 C，向 C 借款 50 万元，双方签订了不动产抵押合同。合同中约定：A、B 用此房产作为担保物，向 C 借款 50 万元。后双方到有关部门办理了抵押登记。因 A、B 未能及时偿还债务，C 将其诉至法院，要求实现房屋抵押权。

这个案例中有两个重点问题是创业者要明确的。

其一，A、B 两次抵押房产，抵押权是否都生效。

《民法典》第三百九十五条规定："债务人或者第三人有权处分的下列财产可以抵押：

（一）建筑物和其他土地附着物；

（二）建设用地使用权；

（三）海域使用权；

（四）生产设备、原材料、半成品、产品；

（五）正在建造的建筑物、船舶、航空器；

（六）交通运输工具；

（七）法律、行政法规未禁止抵押的其他财产。

抵押人可以将前款所列财产一并抵押。"

《民法典》第四百零二条规定："以本法第三百九十五条第一款第一项至第三项规定的财产或者第五项规定的正在建造的建筑物抵押的，应当办理抵押登记。抵押权自登记时设立。"

A、B二人两次抵押均办理了抵押登记，结合上述两条规定可知，其两次抵押房产，抵押权都生效。

其二，同一房产上设定了两次抵押，如何确定清偿顺序。

《民法典》第四百一十四条规定："同一财产向两个以上债权人抵押的，拍卖、变卖抵押财产所得的价款依照下列规定清偿：

（一）抵押权已经登记的，按照登记的时间先后确定清偿顺序；

（二）抵押权已经登记的先于未登记的受偿；

（三）抵押权未登记的，按照债权比例清偿。

其他可以登记的担保物权，清偿顺序参照适用前款规定。"

由上述案例可知，此抵押房产经先后两次抵押登记，且登记日期不同。依照上述规定，需要按登记的先后顺序清偿债务，即将该房产变现后，优先偿还银行按揭款，再偿还C的个人债务。

第 14 章

《企业破产法》：
破产程序不严谨，公司倒闭也不"体面"

公司从创立到破产，每一个环节都有相对应的法律和规定。当公司经营不善时，经营者不能弃之不管，而是应遵循《企业破产法》的相关规定按法定流程处理。本章将结合具体案例讲解《企业破产法》对破产流程的规定。

14.1 债务人的五种行为，管理人可请求法院撤销 <<<

> **案例** 破产前高价收购高负债率公司股权，其他债权人可申请撤销吗？

破产撤销权指的是在破产申请受理前，若债务人与他人发生损害全体债权人集体利益的行为，破产管理人有权请求法院予以撤销，令其失去法律效力。破产撤销权的意义是保护普通债权人公平受偿的机会。

《企业破产法》第三十一条规定："人民法院受理破产申请前一年内，涉及债务人财产的下列行为，管理人有权请求人民法院予以撤销：

（一）无偿转让财产的；

（二）以明显不合理的价格进行交易的；

（三）对没有财产担保的债务提供财产担保的；

（四）对未到期的债务提前清偿的；

（五）放弃债权的。"

下面结合具体案例对此条规定进行分析解读。

黄某是A公司的股东。由于经营不善，A公司负债金额远超公司资产，负债率为456%，属资不抵债。某年3月，黄某与B公司签订了关于A公司的股权转让协议书，黄某将在A公司的股权转让给B公司，转让价款为240万元。双方到有关部门办理了股权变更登记手续，B公司将股权转让款支付给了黄某。

同年7月，B公司由于亏损严重，向法院申请破产，法院随后裁定其进入破产重整程序，同时为B公司指定了破产管理人。破产管理人调查后，以B公司用不合理价格购买A公司股权，损害了债权人利益为由，向法院申请撤销黄某与B公司签订的股权转让协议书。

第14章 《企业破产法》：破产程序不严谨，公司倒闭也不"体面"

本案争议的焦点在于，黄某与 B 公司于某年 3 月签订的股权转让协议书，究竟属不属于《企业破产法》规定的五种可撤销行为。

在这个案例中，A 公司的负债率为 456%，而 B 公司在法院受理 B 公司破产申请前一年内，用不合理的价格受让黄某持有的高负债率的 A 公司的股权，这实际侵害了 B 公司债权人的合法权益。故而 B 公司的破产管理人有权撤销此股权转让协议书。

除了上述内容，创业者还应了解《企业破产法》中关于破产管理人的规定。

《企业破产法》第二十二条规定："管理人由人民法院指定。

债权人会议认为管理人不能依法、公正执行职务或者有其他不能胜任职务情形的，可以申请人民法院予以更换。

指定管理人和确定管理人报酬的办法，由最高人民法院规定。"

《企业破产法》第二十三条规定："管理人依照本法规定执行职务，向人民法院报告工作，并接受债权人会议和债权人委员会的监督。

管理人应当列席债权人会议，向债权人会议报告职务执行情况，并回答询问。"

《企业破产法》第二十四条规定："管理人可以由有关部门、机构的人员组成的清算组或者依法设立的律师事务所、会计师事务所、破产清算事务所等社会中介机构担任。

人民法院根据债务人的实际情况，可以在征询有关社会中介机构的意见后，指定该机构具备相关专业知识并取得执业资格的人员担任管理人。

有下列情形之一的，不得担任管理人：

（一）因故意犯罪受过刑事处罚；

（二）曾被吊销相关专业执业证书；

（三）与本案有利害关系；

（四）人民法院认为不宜担任管理人的其他情形。

个人担任管理人的，应当参加执业责任保险。"

《企业破产法》第二十五条规定："管理人履行下列职责：

（一）接管债务人的财产、印章和账簿、文书等资料；

（二）调查债务人财产状况，制作财产状况报告；

（三）决定债务人的内部管理事务；

（四）决定债务人的日常开支和其他必要开支；

（五）在第一次债权人会议召开之前，决定继续或者停止债务人的营业；

（六）管理和处分债务人的财产；

（七）代表债务人参加诉讼、仲裁或者其他法律程序；

（八）提议召开债权人会议；

（九）人民法院认为管理人应当履行的其他职责。

本法对管理人的职责另有规定的，适用其规定。"

14.2 管理人应要求出资人缴完认缴的出资

案例 破产后，可否要求未履行出资义务的股东承担债务连带责任？

《最高人民法院关于适用〈中华人民共和国公司法〉若干问题的规定（二）》第十八条第二款规定："有限责任公司的股东、股份有限公司的董事和控股股东因怠于履行义务，导致公司主要财产、账册、重要文件等灭失，无法进行清算，债权人主张其对公司债务承担连带清偿责任的，人民法院应依法予以支持。"

何某、吴某和周某共同出资设立A公司，并商定何某出资200万元，吴某出资140万元，周某出资90万元。后由于公司经营不善，向法院申请破产，法院裁定A公司破产后，指定B律所为破产管理人。破产管理人查清何某、周某认缴的出资额皆履行完毕，但吴某还差100万元未缴清，遂要求吴某在未出资范围内承担连带清偿责任。

《公司法》第二十八条规定："股东应当按期足额缴纳公司章程中

规定的各自所认缴的出资额。股东以货币出资的,应当将货币出资足额存入有限责任公司在银行开设的账户;以非货币财产出资的,应当依法办理其财产权的转移手续。

股东不按照前款规定缴纳出资的,除应当向公司足额缴纳外,还应当向已按期足额缴纳出资的股东承担违约责任。"

《企业破产法》第三十五条规定:"人民法院受理破产申请后,债务人的出资人尚未完全履行出资义务的,管理人应当要求该出资人缴纳所认缴的出资,而不受出资期限的限制。"

本案中,吴某未能履行出资义务。根据上述两条规定,公司破产后,未履行出资义务的股东应在未出资范围内承担连带清偿责任。

14.3 破产费用和共益债务由债务人财产随时清偿 <<<

> **案例** 为继续营业向债权人的借款是否属于共益债务?

在破产程序中,破产管理人为增加破产财产的价值,防止其价值减损,维护集体债权人的利益,如出于必要,可决定债务人继续营业。继续营业需要支付水电、工资、社保等。若资金短缺,破产管理人可能会向债权人借款来维持运营。此种借款是否属于共益债务?下面结合一个案例来看。

A公司于某年5月向法院提出破产重整申请,法院指定某会计师事务所为其破产管理人。同年8月,A公司、B公司与破产管理人签订借款协议,协议中约定:A公司为支付破产重整期间继续营业的费用,向B公司借款100万元。

第二年10月,A公司破产并被法院裁定进入破产程序。B公司要求破产管理人确认A公司所欠100万元债务为共益债务并要求A公司随时清偿,但被 A 公司拒绝。B 公司无奈之下将 A 公司诉至法庭。

上述案例争议的焦点在于,A 公司该笔 100 万元的债务能否算作共益债务。

共益债务指的是在破产程序中,为全体债权人共同利益所负担的债务。

《企业破产法》第四十一条规定:"人民法院受理破产申请后发生的下列费用,为破产费用:

(一)破产案件的诉讼费用;

(二)管理、变价和分配债务人财产的费用;

(三)管理人执行职务的费用、报酬和聘用工作人员的费用。"

《企业破产法》第四十二条规定:"人民法院受理破产申请后发生的下列债务,为共益债务:

(一)因管理人或者债务人请求对方当事人履行双方均未履行完毕的合同所产生的债务;

(二)债务人财产受无因管理所产生的债务;

(三)因债务人不当得利所产生的债务;

(四)为债务人继续营业而应支付的劳动报酬和社会保险费用以及由此产生的其他债务;

(五)管理人或者相关人员执行职务致人损害所产生的债务;

(六)债务人财产致人损害所产生的债务。"

依据上述规定,为债务人继续营业而应支付的劳动报酬和社会保险费用以及由此产生的其他债务属于共益债务。在此案例中,依据借款合同的约定,A 公司是为支付破产重整期间继续营业的费用向 B 公司借款,其目的在于维护集体权利人和破产财产的利益,属于共益债务。

依据《企业破产法》第四十二条的规定,认定共益债务有两个原则,如图 14-1 所示。

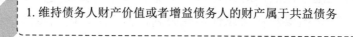

1. 维持债务人财产价值或者增益债务人的财产属于共益债务

2. 基于自然公平或法律规定所产生的债务，如不当得利等

图 14-1　认定共益债务的两个原则

14.4　附利息的债权自破产时停止计息 <<<

案例　债权停止计息的效力是否及于担保人？

　　B 公司向 A 公司借款 3000 万元，C 公司作为担保人，签订了借款担保合同，约定为 3000 万元借款提供连带担保责任。

　　后 B 公司因经营不善，向法院申请破产。法院裁定受理 B 公司破产清算申请，同时指定了破产管理人。借款到期后，B 公司因破产，未能及时清偿欠款，C 公司亦未能履行担保义务。A 公司向破产管理人申报借款本金及利息的债权，获其全额确认。A 公司将 C 公司诉至法院，要求 C 公司按约定承担连带偿还责任，支付从签订合同至实际给付之日的全部借款本息。

　　《企业破产法》第四十六条规定："未到期的债权，在破产申请受理时视为到期。附利息的债权自破产申请受理时起停止计息。"

　　C 公司以上述规定为由，拒绝了 A 公司的要求。

　　上述案例的争议之处在于，债权停止计息的效力是否及于担保人。

　　担保责任具有从属性，担保人的责任范围小于主债权，担保人要承担的担保责任仅就破产债权而言。

　　《企业破产法》第四十六条的规定仅针对主债权，并未对担保责任从属性进行规定。在法律对此种情形下保证责任从属性是否受限并无明确规定时，默认担保责任从属性不受限制，换言之，附利息的债权停止计息的效力及于担保人。

14.5 破产财产的清偿顺序

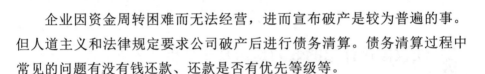

企业破产倒闭后，应该先行偿还员工的薪酬吗？

企业因资金周转困难而无法经营，进而宣布破产是较为普遍的事。但人道主义和法律规定要求公司破产后进行债务清算。债务清算过程中常见的问题有没有钱还款、还款是否有优先等级等。

那么，企业破产倒闭后，正确的债务清偿顺序是什么样的呢？先来看一个具体案例。

小乔是一家广告公司的设计师。随着公司发展，其业务规模不断扩大，业务种类也逐渐增加。但过多开发新业务，导致公司资源消耗速度加快，每项业务可分配的资源不足。后公司因经营不善，歇业关闭，欠下包括小乔在内的20余名员工工资近30万元。为了将这笔钱追回，小乔咨询了我们。

律师告知小乔，依据小乔所说的情况，这笔欠薪如何追讨，要分两种情况来看。

第一种情况是该公司暂时性歇业。

《劳动法》第五十条规定："工资应当以货币形式按月支付给劳动者本人。不得克扣或者无故拖欠劳动者的工资。"

《劳动法》第九十一条规定：

"用人单位有下列侵害劳动者合法权益情形之一的，由劳动行政部门责令支付劳动者的工资报酬、经济补偿，并可以责令支付赔偿金：

（一）克扣或者无故拖欠劳动者工资的；

（二）拒不支付劳动者延长工作时间工资报酬的；

（三）低于当地最低工资标准支付劳动者工资的；

（四）解除劳动合同后，未依照本法规定给予劳动者经济补偿的。"

根据上述两条规定，小乔可以先行与公司负责人协商，让其支付工资。若协商不成，小乔可选择向法院提起支付的诉讼。在收到法院的支付令裁定后，公司应当于15日内支付拖欠工资，若公司无异议但拒不履行支付令，小乔可以申请让法院强制执行。

第二种情况是公司实际倒闭。

《企业破产法》第一百一十三条规定："破产财产在优先清偿破产费用和共益债务后，依照下列顺序清偿：

（一）破产人所欠职工的工资和医疗、伤残补助、抚恤费用，所欠的应当划入职工个人账户的基本养老保险、基本医疗保险费用，以及法律、行政法规规定应当支付给职工的补偿金；

（二）破产人欠缴的除前项规定以外的社会保险费用和破产人所欠税款；

（三）普通破产债权。

破产财产不足以清偿同一顺序的清偿要求的，按照比例分配。

破产企业的董事、监事和高级管理人员的工资按照该企业职工的平均工资计算。"

依据此条规定，在公司进入破产清算程序后，其剩余财产必须依法先行支付所欠职工工资。

企业在破产后依法按顺序清偿债务，既合乎人道，又遵从法律。熟知破产后的债务清偿顺序，是每个创业者都应做到的。

14.6 破产程序终结后，债务人应继续承担清偿责任 <<<

案例 公司破产，债权人如何追回债务？

A公司向董某借款10万元，双方签订了借款合同，约定了借款期限。史某作为担保人，三方签订了担保合同，约定史某承担连带担保责任。后A公司因经营不善，向法院申请破产。

后过了借款期限，A公司并未及时清偿债务，董某行使债权，向A公司催债。但A公司名下已无可供执行的财产，执行程序已被法院裁定终结。在这种情况下，董某是否能追回债务呢？

答案是仍然可以继续追偿。债务人破产，并不意味着债务人和担保人的清偿责任可以免除。

《企业破产法》第一百二十条规定："破产人无财产可供分配的，管理人应当请求人民法院裁定终结破产程序。

管理人在最后分配完结后，应当及时向人民法院提交破产财产分配报告，并提请人民法院裁定终结破产程序。

人民法院应当自收到管理人终结破产程序的请求之日起十五日内作出是否终结破产程序的裁定。裁定终结的，应当予以公告。"

《企业破产法》第一百二十四条规定："破产人的保证人和其他连带债务人，在破产程序终结后，对债权人依照破产清算程序未受清偿的债权，依法继续承担清偿责任。"

依据上述两条规定可知，在破产程序终结的情况下，若债权人董某的债权未能被全部清偿，债务人A公司及担保人史某要依法继续承担清偿责任。

附　录

附录1　入职协议书模板

甲方：_____地址：_____

乙方：_____地址：_____ 身份证号：_____

　　为规范公司管理，确保劳动合同和管理程序运作实施，经双方平等协商，订立如下条款，由双方共同遵守。

　　一、甲方聘任乙方为_____。

　　二、试用期为_____年，自_____年_____月_____日开始，至_____年_____月_____日结束，试用期薪资为_____元/月。转正后，基本薪资为_____元/月，其他补贴_____元/月，共计_____元/月。

　　三、甲方视乙方的工作情况，酌情延长或缩短乙方试用期（最长不超过3个月）。如乙方在试用期内表现突出，考核成绩达标，甲方将以书面形式通知乙方转正并签订相应的劳动合同。考核不合格者，将结束试用，不予转正。

　　四、甲方每月10日以货币形式向乙方支付上月（自然月）工资（如发薪日恰逢周末或假日，则顺势延长或提前发放）。

　　五、此协议书是员工试用期间务必遵守的协议承诺保证。

　　六、新员工必须保证向公司提交的所有证件材料均真实有效，否则公司可随时解除劳动关系，并追究相关的经济法律责任。

　　七、自进入公司工作之日起，乙方必须严格遵守甲方的各项规章制度，并根据甲方的工作安排，认真履行职责，保守甲方的商业秘密，自觉维护甲方的合法利益。

八、乙方在任职期间，如违反了公司的规定或制度，公司有权根据制度做出相应的处罚。

九、在职期间，若乙方由于自身原因提出解除本协议，须提前7天以书面形式通知甲方，以便商洽、办理工作交接及薪资发放等事宜。交接手续办理完毕后方可正式离职，否则，将依照公司有关规定做出相应处理。

十、员工享有入职培训的权利，并依法享有国家法定节假日休息的权利，如遇特殊情况，依照公司相关考勤制度配合公司完成调休工作。

十一、未尽事宜经甲乙双方协商可修改、补充。本协议双方签字即生效。本协议一式两份，甲乙双方各持一份，具有同等法律效力。

甲方（签章）：　　　　　　　　乙方：

　　年　　月　　日　　　　　　　年　　月　　日

附录 2　劳动合同范本

一、当事人基本情况

第一条　甲方情况
甲方名称：_____
法定代表人：_____
住所地：_____
第二条　乙方情况
乙方姓名：_____　性别：_____
出生年月：_____　最高学历：_____
最高学历毕业院校：_____
居民身份证号（或者其他有效证件）：_____
现住址：_____　邮政编码：_____
户籍所在地：_____
联系电话：_____

二、劳动合同期限

第三条　本合同为以完成一定工作任务为期限的劳动合同。
本合同于_____年____月____日生效，至合同约定的工作任务完成时失效。
双方确定本合同生效日为甲方依据本合同用工起始日，乙方应于合同生效当日到甲方上岗，否则甲方有权按照相关劳动纪律和规章制度予以处理。

三、工作任务

第四条　本合同约定的工作任务为：_____。
第五条　确定工作任务完成的标准：

1. _____。
2. _____。
3. _____。

以上标准全部达到时/其中一项达到时（选择适用）视为工作任务完成。

四、工作内容和工作地点

第六条　乙方同意根据甲方安排，从事_____岗位工作。工作内容详见《岗位说明书》，乙方应根据岗位职责和工作要求等内容开展工作，如不能达到相应的岗位工作要求，视为乙方不能胜任该工作岗位，甲方有权要求乙方接受培训或调整乙方工作岗位并相应变更本劳动合同。

第七条　甲方根据工作需要，有权临时安排乙方从事其他岗位工作（不超过3个月或双方商定的期限），但甲方需在期限届满后或临时工作结束后及时将乙方调整回原来岗位工作。乙方承诺同意并服从甲方的临时工作安排。乙方从事甲方临时安排的工作期间的报酬按原岗位/临时岗位（选择适用）标准执行。

第八条　根据岗位工作特点，乙方的工作地点为：基本工作地点和其他完成工作必需的地点。

五、工作时间和休息休假

第九条　甲方安排乙方执行以下第___种工时制。

1. 执行标准工时制度。
2. 执行综合计算工时工作制。
3. 执行不定时工作制。

第十条　乙方应遵守甲方制定的各工时制相关的规章制度。

第十一条　甲方因工作需要安排乙方延长工作时间或节假日加班的，乙方应服从甲方统一安排，甲方按规定安排补休或支付加班加点的报酬。乙方主动加班须按照规章制度规定的程序报批，否则不视为加班。

第十二条　甲方在下列节假日安排职工休假：元旦、春节、国际劳动节、国庆节，法律法规规定的其他节假日及婚假、丧假、产假等。

六、劳动报酬

第十三条 乙方在履行本合同约定义务后，有权获得相应的劳动报酬。甲方以货币形式支付不低于当地最低工资标准的工资，但乙方因私请假期间，甲方不支付工资。

第十四条 乙方适用以下第_____种工资计发方式：

1. 基本工资制：乙方的月基本工资为_____元。

2. 岗位工资制：乙方的月岗位工资为_____元。

3. 计件工资制：乙方的劳动定额为_____，计件单价为_____。

4. 基本工资加绩效工资制：乙方的月基本工资为_____元，甲方依据绩效工资考核结果确定乙方每月的绩效工资。

5. 其他工资形式：_____。

第十五条 甲方每月_____日左右以货币形式支付乙方上月工资，最晚不超过当月月底。

第十六条 本合同履行期间，乙方的工资可根据生产经营状况、出勤情况、工作岗位的变更以及其他甲方薪酬管理制度中规定的情形作相应变动。

七、社会保险和福利待遇

第十七条 甲方按规定为乙方办理社会保险事宜。

第十八条 乙方应将办理社会保险必需的资料及时交付甲方，因乙方原因致使社会保险不能及时缴纳的，由乙方承担相应后果。

第十九条 乙方按甲方规章制度中确定的标准享受福利待遇。

八、劳动保护、劳动条件和职业危害防护

第二十条 甲方建立健全工作制度，制定操作规程、工作流程、工作规范和劳动安全卫生制度及其标准，乙方应严格遵守。甲方对岗位可能产生的职业病危害，向乙方履行告知义务，并做好劳动过程中职业危害的预防工作。

第二十一条　甲方为乙方提供必要的劳动条件以及安全卫生的工作环境，并根据岗位实际情况及有关规定，向乙方提供必要的劳动防护用品，乙方应严格按要求使用劳动防护用品。

第二十二条　甲方根据自身特点有计划地对乙方进行职业道德、业务技术、劳动安全卫生及有关规章制度的教育和培训，提高乙方职业道德水准和职业技能。乙方应认真参加甲方组织的各项必要的教育培训。

九、保密协议

第二十三条　乙方应当保守甲方的商业秘密。商业秘密系指不为公众所知悉，能为甲方带来经济利益，具有实用性的技术信息和经营信息。因乙方泄密给甲方造成损失的，乙方愿承担一切赔偿责任（包括但不限于律师费、差旅费以及因商业秘密泄漏造成业务量减少、经营困难等状况形成的其他损失）。

第二十四条　本合同履行期内，乙方不得利用职务便利为自己或者他人牟取属于公司的商业机会，自营或者为他人经营与所任职公司同类的业务，否则甲方有权按照《劳动合同法》第三十九条第二、三款规定解除本合同并要求乙方赔偿损失。损失赔偿额相当于乙方因上述行为取得的收入或者甲方因上述行为造成的损失（包括预期利润损失）。

乙方不论何种原因离职，离职后两年内不得到与甲方同行业企业就职或自办与甲方同行业企业，在竞业限制期间甲方每月支付乙方补偿金_____元。乙方违反此条约定应退还甲方支付的补偿金并向甲方支付违约金_____元。

第二十五条　甲、乙双方就保密和竞业限制有其他协议的，应同时遵守该协议。

十、劳动合同的变更、解除和终止

第二十六条　甲、乙双方经协商一致，可以变更或解除劳动合同，并以书面形式确定。

第二十七条　甲、乙双方解除或终止本劳动合同，均应遵守《劳动法》《劳动合同法》等相关法律法规的规定。

附录3 竞业限制合同范本

甲方（用人单位）：

名称：

法定代表人：

住所：

经济类型：

联系电话：

乙方（职工）：

姓名：

身份证号码：

住址：

在甲方职务：

联系电话：

鉴于乙方受聘/服务于甲方，乙方有获得甲方商业秘密的机会，有利用甲方物质条件进行创作/经商的机会，为切实保护甲方的商业秘密、技术秘密及其他合法权益，根据相关法律规定，遵循公平合法、平等自愿、协商一致、诚实信用的原则，甲乙双方订立本协议，共同遵守。

第一条 定义

除非文中另有说明，以下术语在本合同中具有下列含义：

1.1 本协议提及的有竞争关系是指与该员工在职、离职时甲方及其关联公司已开展的业务有竞争关系。

1.2 本协议提及的有竞争关系的单位，包括但不限于：与甲方及其关联公司直接竞争的单位；该竞争单位设立、直接/间接参股、控股、实际控制的单位；受同一公司控制的竞争单位的关联企业；其他与甲方有竞争关系的单位。

1.3 本协议提及的有竞争关系的地域范围：_____。（根据实际情况填写）

1.4 本协议提及的限制生产或经营的产品范围，包括但不限于＿＿＿＿＿＿＿＿＿＿＿＿＿＿＿＿＿。（根据产品情况而定，此处可以详尽列明产品类别）

1.5 本协议提及的限制从事的业务范围，包括但不限于：＿＿＿＿＿＿＿＿＿＿＿＿＿＿＿＿＿。（根据业务情况而定，自行填写）

1.6 乙方负有竞业限制义务，不得进行下列行为：

1.6.1 包括但不限于：与甲方的客户发生商业接触。该种商业接触包括为其提供信息、提供服务、收取订单、直接或间接转移公司业务的行为以及其他各种对公司的业务产生或有可能产生不利影响的行为，不论是否获得利益；直接或间接在本协议第1.4条所列单位中拥有股份或利益、接受服务或获取任何利益；

1.6.2 包括但不限于：乙方本人或与他人合作直接参与生产、经营与公司有竞争关系的同类产品或业务；

1.6.3 包括但不限于：乙方直接或间接引诱、要求、劝说、雇用或鼓励公司的其他员工离职，或试图引诱、要求、劝说、雇用、鼓励或带走公司的其他员工，不论何种理由或有无理由，不论是否为自身或任何其他人或组织的利益；以其个人名义或以任何第三方名义怂恿或诱使公司的任何员工在其他单位任职；

1.6.4 乙方向与公司有竞争关系的单位直接或间接提供任何形式的咨询服务、合作或劳务。

1.6.5 ＿＿＿＿＿＿＿＿＿＿＿＿＿＿＿＿＿。（可根据实际情况自行补充）

1.7 不论乙方因何种原因离开公司，均应在进入新用人单位就职前向公司书面说明新的用人单位的名称、性质和主营业务。

第二条 甲方的权利与义务

2.1 甲方提供正常的工作条件，为乙方的职务发明、科研成果提供应用和生产条件，根据乙方创造的经济效益给予奖励。

2.2 甲方有权就乙方的竞业行为进行调查、索赔。

2.3 甲方应按本协议约定支付乙方竞业限制补偿金。

第三条 乙方的权利与义务

3.1 在甲方工作期间及从甲方离职之日起两年内，乙方不得在与甲方及甲方关联公司有竞争关系的单位任职或以任何方式为其服务；也不得自己生产、经营与甲方及甲方关联公司有竞争关系的同类产品或业务；不向上述单位提供技术、业务咨询和技术服务；也不组建或参与组建（包括委托亲友组建）或参股竞争单位。但事先取得甲方书面同意的除外。此款义务的地域限制为有竞争关系的地域范围。

3.2 乙方从甲方离职前应当与甲方确认其是否开始离职后的竞业限制义务。如乙方有竞业限制义务，乙方应向甲方索要《竞业限制开始通知书》（参见附件1），乙方根据该通知书取得竞业限制补偿金，乙方拖延/拒绝领取通知书导致甲方没有及时支付竞业限制补偿金的，不影响乙方竞业限制义务的履行；如因特殊情况乙方可以解除竞业限制义务，乙方必须取得甲方出具的《竞业限制终止通知书》（参见附件2），取得该通知书后，乙方方能解除竞业限制义务。

3.3 乙方不辞而别离开甲方时，竞业限制义务自其离开在甲方的工作岗位之日起自动开始，此种情况下，甲方无法支付竞业限制补偿金，乙方不得以"甲方没有支付竞业限制补偿金"为由拒绝履行竞业限制义务。

第四条 违约责任

4.1 乙方在本协议期限内如违反本协议约定义务，乙方同意按如下约定承担违约责任：

4.1.1 乙方违约行为没有造成甲方损失或损失小于本条违约金计算数额总额的情况下，乙方支付的违约金标准：按本协议第6.1条约定的竞业限制补偿金计算方式甲方应付乙方总额的_____倍加上包括但不限于甲方为了调查、处理、纠正乙方违反竞业限制的行为所付出的经济损失，比如律师费、诉讼费、评估费、调查取证费等；

4.1.2 乙方违约行为造成甲方损失大于第4.1.1条违约金计算总额的情况下，乙方赔偿标准：按本协议第4.1.1条计算的数额加上乙方或第三方获利数额/甲方直接与间接损失额计算违约金。

4.2 乙方违反本协议竞业限制相关规定的，应立即停止违约，继续履行本协议。

第五条 竞业限制期限

5.1 竞业限制期限：本协议签署之日起生效，甲乙双方劳动合同解除/终止日起满＿＿＿＿＿年失效。

5.2 关于涉及知识产权问题的劳动者义务，根据相关知识产权法律法规执行。

5.3 甲乙双方劳动合同可能存在多次续签情况，本协议不必在每次续签劳动合同时另行续签，劳动合同期限内视为当然的竞业限制期。

第六条 竞业限制补偿及其支付方式

6.1 乙方的竞业限制补偿金由甲方按月向其支付，支付首日为解除/终止劳动合同次月＿＿＿＿＿日，以后每月＿＿＿＿＿日前支付相应款项，每月金额为＿＿＿＿＿元，共计＿＿＿＿＿个月，并由甲方代扣代缴个人所得税。（因法律无明确规定，此处补偿百分比可以自由选择一个额度，建议不低于劳动合同解除或者终止前12个月平均工资的30%～50%）

6.2 乙方应在离职前向甲方书面提供其本人的银行账户用于甲方支付竞业限制补偿金，乙方未提供账户、提供账户错误、账户注销等各种原因导致甲方无法及时支付竞业限制补偿金，因此造成的损失由乙方自行承担，且在此期间不免除乙方的竞业限制义务。

6.3 乙方拒绝接受、自行放弃、不领取竞业限制补偿金，或因乙方原因导致甲方无法正常发放竞业限制补偿金，因此造成的损失由乙方自行承担，且不免除乙方的竞业限制义务。

6.4 若本合同约定的竞业限制补偿金标准低于甲方所在地政府强制性规定的最低标准，则甲方在竞业限制期限届满前予以补足到最低标准，在此之前，乙方仍应履行竞业限制义务。

6.5 乙方领取补偿金时，应向甲方出示当前的任职情况证明，经甲方向乙方工作单位确认后方可领取。乙方逾期一个月未能向甲方提交任职情况证明，视为放弃该月的补偿金。

6.6 乙方被新单位录用后应在一周内将新单位的名称及乙方的职位通知甲方。同时乙方应将自己负有竞业限制义务的情况告知其工作单位。

6.7 甲方如认为乙方已无竞业限制必要，有权随时通知乙方终止其竞业限制义务，此项通知可以邮寄送达，以乙方在本合同约定的地址为准（若乙方地址或联系方式有变更，应及时以书面形式告知甲方，否则通知以本合同约定的乙方地址或联系方式为准），邮出7天后，乙方竞业限制义务自行终止，同时甲方不再支付任何补偿金。

6.8 乙方可与甲方协商解除竞业限制义务，但乙方不得单方面终止自己的竞业限制义务。

第七条 其他

7.1 因履行本协议发生争议，双方首先应协商解决，如协商不成，任何一方提起诉讼均由甲方实际经营地人民法院管辖。

7.2 《竞业限制开始通知书》《竞业限制终止通知书》是本合同的附件，与本合同不一致的，以本合同为准。

7.3 双方一致同意对本协议补充、修改时，以书面方式签订补充或者变更协议，该补充、变更协议与本合同具有同等法律效力。

7.4 本合同一式两份，甲乙双方各执一份，自双方签章之日起生效。

甲方（盖章）： 乙方（签章）：

授权代表人（签字）：

日期： 日期：

附件

1. 竞业限制开始通知书范本
2. 竞业限制终止通知书范本

附件

1. 竞业限制开始通知书范本

离职人员姓名：＿＿＿＿，身份证号码：＿＿＿＿＿＿＿＿＿＿＿＿，自＿＿＿年＿＿＿月＿＿＿日起，从公司离职。其所负有的竞业限制义务自＿＿＿＿年＿＿＿＿月＿＿＿＿日开始生效。竞业限制终止之日依据《竞业限制合同》或甲方书面通知，通知由离职人员签收或邮寄至离职人员预留地址的第二日起生效。

竞业限制协议履行期间的竞业补偿，自生效日起算，计算与发放办法按照双方签订的《竞业限制协议》中的相关条款执行。

离职人员签收：

日期：

通讯地址：　　　　　　　　　　　　邮编：

收件人：

电子邮件：　　　　　　　　　　　　联系电话：

骑缝加盖公司公章　　　　　　　　　　　本联公司保存

竞业限制开始通知书

离职人员姓名：＿＿＿＿，身份证号码：＿＿＿＿＿＿＿＿＿＿＿＿，自＿＿＿年＿＿＿月＿＿＿日起，从公司离职。其所负有的竞业限制义务自＿＿＿年＿＿＿月＿＿＿日，开始生效。

竞业限制协议履行期间的竞业补偿，自生效日起算，计算与发放办法按照双方签订的《竞业限制合同》中的相关条款执行。

公司（盖章）：

日期：

本联离职人员保存

2. 竞业限制终止通知书范本

经公司研究决定，原离职人员：_____，身份证号码：_____，自____年____月____日起，终止其在离职期间所履行的竞业限制义务。本通知书由离职人员签收或邮寄至离职人员预留地址的第二日起生效。

离职人员签收：
日期：
通讯地址：   邮编：
收件人：
电子邮件：   联系电话：

------------------骑缝加盖公司公章------------------本联公司保存

竞业限制终止通知书

经公司研究决定，原离职人员：_____，身份证号码：_____，自____年____月____日起，终止其在离职期间所履行的竞业限制义务。本通知书由离职人员签收或邮寄至离职人员预留地址的第二日起生效。

公司（盖章）：
日期：

本联离职人员保存

附录4 个人所得税税率表

表1 个人所得税税率（综合所得适用）

级数	全年应纳税所得额	税率（%）
1	不超过36000元的	3
2	超过36000元至144000元的部分	10
3	超过144000元至300000元的部分	20
4	超过300000元至420000元的部分	25
5	超过420000元至660000元的部分	30
6	超过660000元至960000元的部分	35
7	超过960000元的部分	45

注：1. 本表所称全年应纳税所得额是指依照本法第六条的规定，居民个人取得综合所得以每一纳税年度收入额减除费用6万元以及专项扣除、专项附加扣除和依法确定的其他扣除后的余额；

2. 非居民个人取得工资、薪金所得，劳务报酬所得、稿酬所得和特许权使用费所得，依照本表按月换算后计算应纳税额。

表2 个人所得税税率（经营所得适用）

级数	全年应纳税所得额	税率（%）
1	不超过30000元的	5
2	超过30000元至90000元的部分	10
3	超过90000元至300000元的部分	20
4	超过300000元至500000元的部分	30
5	超过500000元的部分	35

注：本表所称全年应纳税所得额是指依照本法第六条的规定，以每一纳税年度的收入总额减除成本、费用以及损失后的余额。

附录5　合伙人合同范本

合伙人：_____
姓名_____，性别_____，年龄_____，住址_____。
（其他合伙人按上列项目顺序填写）

第一条　合伙宗旨

_____。

第二条　合伙经营项目和范围

_____。

第三条　合伙期限

合伙期限为___年，自____年___月___日起，至____年___月___日止。

第四条　出资额、方式、期限

1. 合伙人_____（姓名）以_____方式出资，计人民币_____元。

（其他合伙人同上顺序列出）

2. 本合伙出资共计人民币_____元。合伙期间各合伙人的出资为共有财产，不得随意请求分割；合伙终止后，各合伙人的出资仍为个人所有，届时予以返还。

第五条　盈余分配与债务承担

1. 盈余分配，以_____为依据，按比例分配。

2. 债务承担：合伙债务先由合伙财产偿还，合伙财产不足清偿时，以各合伙人的_____为据，按比例承担。

第六条　入伙、退伙，出资的转让

1. 入伙：①需承认本合同；②需经全体合伙人同意；③执行合同规定的权利义务。

2. 退伙：①需有正当理由方可退伙；②不得在合伙不利时退伙；③退伙需提前_____月告知其他合伙人并经全体合伙人同意；④退伙后以退伙时的财产状况进行结算，不论何种方式出资，均以金钱结算；⑤未经合同人同意而自行退伙给合伙造成损失的，应进行赔偿。

3. 出资的转让：允许合伙人转让自己的出资。转让时合伙人有优先受让权，如转让合伙人以外的第三人，第三人按入伙对待，否则以退伙对待转让人。

第七条　合伙负责人及其他合伙人的权利

1. 合伙负责人的权利：_____。

2. 其他合伙人的权利：①参与合伙事业的管理；②听取合伙负责人开展业务情况的报告；③检查合伙账册及经营情况；④共同决定合伙重大事项。

第八条　禁止行为

1. 未经全体合伙人同意，禁止任何合伙人私自以合伙名义进行业务活动；如其业务获得利益归合伙，造成损失按实际损失赔偿。

2. 禁止合伙人经营与合伙竞争的业务。

3. 禁止合伙人再加入其他合伙。

4. 禁止合伙人与本合伙签订合同。

5. 如合伙人违反上述各条，应按合伙实际损失赔偿。劝阻不听者可由全体合伙人决定除名。

第九条　合伙的终止及终止后的事项

1. 合伙因以下事由之一应终止：①合伙期届满；②全体合伙人同意终止合伙关系；③合伙事业完成或不能完成；④合伙事业违反法律被撤销；⑤法院根据有关当事人请求判决解散。

2. 合伙终止后的事项：①即行推举清算人，并邀请_____中间人（或公证员）参与清算；②清算后如有盈余，则按收取债权、清偿债务、返还出资、按比例分配剩余财产的顺序进行，固定资产和不可分物，可作价卖给合伙人或第三人，其价款参与分配；③清算后如有亏损，不论合伙人出资多少，先以合伙共同财产偿还，合伙财产不足清偿的部分，由合伙人按出资比例承担。

第十条　纠纷的解决

合伙人之间如发生纠纷，应共同协商，本着有利于合伙事业发展的原则予以解决。如协商不成，可以诉诸法院。

第十一条　本合同自订立并报经工商行政管理机关批准之日起

生效。

第十二条 本合同如有未尽事宜，应由合伙人集体讨论补充或修改。补充和修改的内容与本合同具有同等效力。

第十三条 其他

第十四条 本合同正本一式_____份，合伙人各执一份。

合伙人：_____ _____年_____月_____日

合伙人：_____ _____年_____月_____日

附录 6 《广告法》核心摘要

第三条　广告应当真实、合法，以健康的表现形式表达广告内容，符合社会主义精神文明建设和弘扬中华民族优秀传统文化的要求。

第四条　广告不得含有虚假或者引人误解的内容，不得欺骗、误导消费者。

广告主应当对广告内容的真实性负责。

第五条　广告主、广告经营者、广告发布者从事广告活动，应当遵守法律、法规，诚实信用，公平竞争。

第八条　广告中对商品的性能、功能、产地、用途、质量、成分、价格、生产者、有效期限、允诺等或者对服务的内容、提供者、形式、质量、价格、允诺等有表示的，应当准确、清楚、明白。

广告中表明推销的商品或者服务附带赠送的，应当明示所附带赠送商品或者服务的品种、规格、数量、期限和方式。

法律、行政法规规定广告中应当明示的内容，应当显著、清晰表示。

第二十八条　广告以虚假或者引人误解的内容欺骗、误导消费者的，构成虚假广告。

广告有下列情形之一的，为虚假广告：

（一）商品或者服务不存在的；

（二）商品的性能、功能、产地、用途、质量、规格、成分、价格、生产者、有效期限、销售状况、曾获荣誉等信息，或者服务的内容、提供者、形式、质量、价格、销售状况、曾获荣誉等信息，以及与商品或者服务有关的允诺等信息与实际情况不符，对购买行为有实质性影响的；

（三）使用虚构、伪造或者无法验证的科研成果、统计资料、调查结果、文摘、引用语等信息作证明材料的；

（四）虚构使用商品或者接受服务的效果的；

（五）以虚假或者引人误解的内容欺骗、误导消费者的其他情形。

第四十四条　利用互联网从事广告活动，适用本法的各项规定。

利用互联网发布、发送广告，不得影响用户正常使用网络。在互联网页面以弹出等形式发布的广告，应当显著标明关闭标志，确保一键关闭。

第五十三条　任何单位或者个人有权向市场监督管理部门和有关部门投诉、举报违反本法的行为。市场监督管理部门和有关部门应当向社会公开受理投诉、举报的电话、信箱或者电子邮件地址，接到投诉、举报的部门应当自收到投诉之日起七个工作日内，予以处理并告知投诉、举报人。

市场监督管理部门和有关部门不依法履行职责的，任何单位或者个人有权向其上级机关或者监察机关举报。接到举报的机关应当依法作出处理，并将处理结果及时告知举报人。

有关部门应当为投诉、举报人保密。

第五十九条　有下列行为之一的，由市场监督管理部门责令停止发布广告，对广告主处十万元以下的罚款：

（一）广告内容违反本法第八条规定的；

（二）广告引证内容违反本法第十一条规定的；

（三）涉及专利的广告违反本法第十二条规定的；

（四）违反本法第十三条规定，广告贬低其他生产经营者的商品或者服务的。

广告经营者、广告发布者明知或者应知有前款规定违法行为仍设计、制作、代理、发布的，由市场监督管理部门处十万元以下的罚款。

广告违反本法第十四条规定，不具有可识别性的，或者违反本法第十九条规定，变相发布医疗、药品、医疗器械、保健食品广告的，由市场监督管理部门责令改正，对广告发布者处十万元以下的罚款。

第六十二条　违反本法第四十三条规定发送广告的，由有关部门责令停止违法行为，对广告主处五千元以上三万元以下的罚款。

违反本法第四十四条第二款规定，利用互联网发布广告，未显著标明关闭标志，确保一键关闭的，由市场监督管理部门责令改正，对广告主处五千元以上三万元以下的罚款。

第六十三条　违反本法第四十五条规定，公共场所的管理者和电信业务经营者、互联网信息服务提供者，明知或者应知广告活动违法不予制止的，由市场监督管理部门没收违法所得，违法所得五万元以上的，并处违法所得一倍以上三倍以下的罚款，违法所得不足五万元的，并处一万元以上五万元以下的罚款；情节严重的，由有关部门依法停止相关业务。

第六十六条　有本法规定的违法行为的，由市场监督管理部门记入信用档案，并依照有关法律、行政法规规定予以公示。

附录7 《刑法》核心摘要

第一百六十二条 【妨害清算罪】公司、企业进行清算时,隐匿财产,对资产负债表或者财产清单作虚伪记载或者在未清偿债务前分配公司、企业财产,严重损害债权人或者其他人利益的,对其直接负责的主管人员和其他直接责任人员,处五年以下有期徒刑或者拘役,并处或者单处二万元以上二十万元以下罚金。

第一百六十二条之一 【隐匿、故意销毁会计凭证、会计账簿、财务会计报告罪】隐匿或者故意销毁依法应当保存的会计凭证、会计账簿、财务会计报告,情节严重的,处五年以下有期徒刑或者拘役,并处或者单处二万元以上二十万元以下罚金。

单位犯前款罪的,对单位判处罚金,并对其直接负责的主管人员和其他直接责任人员,依照前款的规定处罚。

第一百六十二条之二 【虚假破产罪】公司、企业通过隐匿财产、承担虚构的债务或者以其他方法转移、处分财产,实施虚假破产,严重损害债权人或者其他人利益的,对其直接负责的主管人员和其他直接责任人员,处五年以下有期徒刑或者拘役,并处或者单处二万元以上二十万元以下罚金。

第二百零一条 【逃税罪】纳税人采取欺骗、隐瞒手段进行虚假纳税申报或者不申报,逃避缴纳税款数额较大并且占应纳税额百分之十以上的,处三年以下有期徒刑或者拘役,并处罚金;数额巨大并且占应纳税额百分之三十以上的,处三年以上七年以下有期徒刑,并处罚金。

扣缴义务人采取前款所列手段,不缴或者少缴已扣、已收税款,数额较大的,依照前款的规定处罚。

对多次实施前两款行为,未经处理的,按照累计数额计算。

有第一款行为,经税务机关依法下达追缴通知后,补缴应纳税款,缴纳滞纳金,已受行政处罚的,不予追究刑事责任;但是,五年内因逃避缴纳税款受过刑事处罚或者被税务机关给予二次以上行政处罚的除外。

第二百零二条 【抗税罪】以暴力、威胁方法拒不缴纳税款的，处三年以下有期徒刑或者拘役，并处拒缴税款一倍以上五倍以下罚金；情节严重的，处三年以上七年以下有期徒刑，并处拒缴税款一倍以上五倍以下罚金。

第二百零五条 【虚开增值税专用发票、用于骗取出口退税、抵扣税款发票罪；虚开发票罪】虚开增值税专用发票或者虚开用于骗取出口退税、抵扣税款的其他发票的，处三年以下有期徒刑或者拘役，并处二万元以上二十万元以下罚金；虚开的税款数额较大或者有其他严重情节的，处三年以上十年以下有期徒刑，并处五万元以上五十万元以下罚金；虚开的税款数额巨大或者有其他特别严重情节的，处十年以上有期徒刑或者无期徒刑，并处五万元以上五十万元以下罚金或者没收财产。

单位犯本条规定之罪的，对单位判处罚金，并对其直接负责的主管人员和其他直接责任人员，处三年以下有期徒刑或者拘役；虚开的税款数额较大或者有其他严重情节的，处三年以上十年以下有期徒刑；虚开的税款数额巨大或者有其他特别严重情节的，处十年以上有期徒刑或者无期徒刑。

虚开增值税专用发票或者虚开用于骗取出口退税、抵扣税款的其他发票，是指有为他人虚开、为自己虚开、让他人为自己虚开、介绍他人虚开行为之一的。

第二百零五条之一 虚开本法第二百零五条规定以外的其他发票，情节严重的，处二年以下有期徒刑、拘役或者管制，并处罚金；情节特别严重的，处二年以上七年以下有期徒刑，并处罚金。

单位犯前款罪的，对单位判处罚金，并对其直接负责的主管人员和其他直接责任人员，依照前款的规定处罚。

第二百零六条 【伪造、出售伪造的增值税专用发票罪】伪造或者出售伪造的增值税专用发票的，处三年以下有期徒刑、拘役或者管制，并处二万元以上二十万元以下罚金；数量较大或者有其他严重情节的，处三年以上十年以下有期徒刑，并处五万元以上五十万元以下罚金；数量巨大或者有其他特别严重情节的，处十年以上有期徒刑或者无期徒刑，并处五万元以上五十万元以下罚金或者没收财产。

单位犯本条规定之罪的，对单位判处罚金，并对其直接负责的主管人员和其他直接责任人员，处三年以下有期徒刑、拘役或者管制；数量较大或者有其他严重情节的，处三年以上十年以下有期徒刑；数量巨大或者有其他特别严重情节的，处十年以上有期徒刑或者无期徒刑。

第二百零七条 【非法出售增值税专用发票罪】非法出售增值税专用发票的，处三年以下有期徒刑、拘役或者管制，并处二万元以上二十万元以下罚金；数量较大的，处三年以上十年以下有期徒刑，并处五万元以上五十万元以下罚金；数量巨大的，处十年以上有期徒刑或者无期徒刑，并处五万元以上五十万元以下罚金或者没收财产。

第二百零八条 【非法购买增值税专用发票、购买伪造的增值税专用发票罪；虚开增值税专用发票罪、出售伪造的增值税专用发票罪、非法出售增值税专用发票罪】非法购买增值税专用发票或者购买伪造的增值税专用发票的，处五年以下有期徒刑或者拘役，并处或者单处二万元以上二十万元以下罚金。

非法购买增值税专用发票或者购买伪造的增值税专用发票又虚开或者出售的，分别依照本法第二百零五条、第二百零六条、第二百零七条的规定定罪处罚。

第二百零九条 【非法制造、出售非法制造的用于骗取出口退税、抵扣税款发票罪；非法制造、出售非法制造的发票罪；非法出售用于骗取出口退税、抵扣税款发票罪；非法出售发票罪】伪造、擅自制造或者出售伪造、擅自制造的可以用于骗取出口退税、抵扣税款的其他发票的，处三年以下有期徒刑、拘役或者管制，并处二万元以上二十万元以下罚金；数量巨大的，处三年以上七年以下有期徒刑，并处五万元以上五十万元以下罚金；数量特别巨大的，处七年以上有期徒刑，并处五万元以上五十万元以下罚金或者没收财产。

伪造、擅自制造或者出售伪造、擅自制造的前款规定以外的其他发票的，处二年以下有期徒刑、拘役或者管制，并处或者单处一万元以上五万元以下罚金；情节严重的，处二年以上七年以下有期徒刑，并处五万元以上五十万元以下罚金。

非法出售可以用于骗取出口退税、抵扣税款的其他发票的，依照第一款的规定处罚。

非法出售第三款规定以外的其他发票的，依照第二款的规定处罚。

第二百一十三条 【假冒注册商标罪】未经注册商标所有人许可，在同一种商品、服务上使用与其注册商标相同的商标，情节严重的，处三年以下有期徒刑，并处或者单处罚金；情节特别严重的，处三年以上十年以下有期徒刑，并处罚金。

第二百一十四条 【销售假冒注册商标的商品罪】销售明知是假冒注册商标的商品，违法所得数额较大或者有其他严重情节的，处三年以下有期徒刑，并处或者单处罚金；违法所得数额巨大或者有其他特别严重情节的，处三年以上十年以下有期徒刑，并处罚金。

第二百二十四条 【合同诈骗罪；组织、领导传销活动罪】有下列情形之一，以非法占有为目的，在签订、履行合同过程中，骗取对方当事人财物，数额较大的，处三年以下有期徒刑或者拘役，并处或者单处罚金；数额巨大或者有其他严重情节的，处三年以上十年以下有期徒刑，并处罚金；数额特别巨大或者有其他特别严重情节的，处十年以上有期徒刑或者无期徒刑，并处罚金或者没收财产：

（一）以虚构的单位或者冒用他人名义签订合同的；

（二）以伪造、变造、作废的票据或者其他虚假的产权证明作担保的；

（三）没有实际履行能力，以先履行小额合同或者部分履行合同的方法，诱骗对方当事人继续签订和履行合同的；

（四）收受对方当事人给付的货物、货款、预付款或者担保财产后逃匿的；

（五）以其他方法骗取对方当事人财物的。

参考文献

[1] 乔路. 公司法律顾问实务指引 [M]. 北京：法律出版社，2019.

[2] 顾功耘. 公司法律评论 [M]. 北京：法律出版社，2019.

[3] 张钧，谢玲丽，廖丹. 公司法律顾问服务精要详解 [M]. 武汉：武汉大学出版社，2013.

[4] 法律出版社法规中心. 公司法律纠纷处理依据与解读 [M]. 北京：法律出版社，2014.

[5] 金剑锋. 关联公司法律制度研究 [M]. 北京：法律出版社，2016.

[6] 中国法制出版社. 中华人民共和国公司法律法规全书 [M]. 北京：中国法制出版社，2019.

[7] 高慧. 重新定义公司：事业合伙制股权激励法律实务 [M]. 北京：中国法制出版社，2019.

[8] 法律出版社法规中心. 2018 中华人民共和国公司法律法规全书（含典型案例）[M]. 北京：法律出版社，2018.

[9] 杨春宝，杨贵永. 完胜资本：公司投资、并购、融资、私募、上市法律政策应用全书（增订 4 版）[M]. 北京：中国法制出版社，2018.

[10] 孙祥和. 创业法律实务（第 2 版）[M]. 北京：中国人民大学出版社，2018.

[11] 杨喜涛. 创业法律知识百问百答 [M]. 西安：西安交通大学出版社，2017.

[12] 上海理彰律师事务所. 创业法律指南 [M]. 上海：上海交通大学出版社，2016.

[13] 魏建平. 创业法律 900 问 [M]. 上海：上海交通大学出版社，2017.